소리가 같은데 뜻이 달라요!!

쉬운
틀리기 ⋎ 표준어
받아쓰기

기획 윤필수

버들미디어

소리가 같은데 뜻이 달라요!!
틀리기 쉬운 표준어
받아쓰기

2021년 3월 2일 초판 1쇄 인쇄
2021년 3월 5일 초판 1쇄 발행

기획 윤필수
펴낸이 마복남 | **펴낸곳** 버들미디어 | **등록** 제 10-1422호
주소 서울시 은평구 갈현로1길 36
전화 (02)338-6165 | **팩스** (02)352-5707
E-mail : bba666@naver.com

ISBN 978-89-6418-063-1 04710

머리말

헷갈리기 쉬운 요소만 모으고 모았다!

초등학교 학생들의 받아쓰기 채점을 하다 보면 유난히 많이 틀리는 문장이 따로 있다는 것을 발견할 수 있습니다. 소리가 같은 낱말들이 같은 소리로 귓가에 들리기 때문입니다.

한글 맞춤법은 읽고 들리는 그대로 쓰지 않는 어문 규칙들이 많이 있습니다.

한글은 뗐는데 왜 받아쓰기는 백점을 못 받을까요?

초등학교에 입학하기 전에 한글을 떼고 가는 아이들이 많습니다. 그리고 입학해서 처음 접하는 시험이 바로 받아쓰기입니다. 한글을 다 읽을 수 있는데도 받아쓰기는 막상 시험을 보면 백 점을 받지 못합니다.

한글 맞춤법에 맞게 써야하기 때문이죠..

그래서 이 책은 학생들이 가장 공부하기 쉬운 형식으로 재구성하였습니다.

처음으로 접하는 시험인데 받아쓰기에서 자신감을 얻지 못하면 학년이 올라갈수록 자신감은 점점 떨어지기 마련입니다. 받아쓰기 시험을 잘 보는 학생들은 어떤 이유에서 그럴까요? 모든 시험이 마찬가지이지만, 1번 연습한 사람과 10번 연습한 사람은 차이가 날 수밖에 없습니다. 또한 시험에 나오는 문제를 연습한 사람과 그렇지 않은 사람도 분명 차이가 나지요.

받아쓰기는 내 생각을 다른 사람에게 잘 전달하기 위해서예요. '이 물건의 이름은 이렇게 써요.' 라고 약속했는데, 나만 다르게 쓴다면 다른 사람은 이해하지 못하겠죠? 하지만 아직 글자 쓰기에도 익숙하지 않은데 소리를 듣고 받아쓰는 건 너무 어려워요.

한글을 처음 배울 때 커다란 네모 칸에 반듯반듯하게 글씨 연습을 많이 했다면, 이제 초등학생들은 학교에서 보는 시험 형식 그대로 연습하면 됩니다.

어렵게 느껴지는 받아쓰기를 좀 더 싶게 다가가는 방법으로 연습해 봅시다.

기획 윤필수

무엇이 맞을까요. 맞은 단어 위에 ○표하세요.

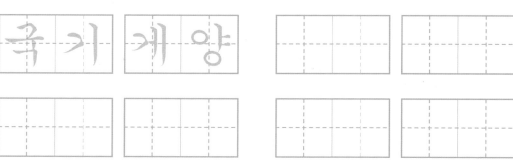

국기 계양 🐵 국기 계양

[국끼 게:양] 국가적으로 중요한 날을 맞아 국기를 매다는 일.

아하~

국기 계양대.　　　국기를 계양하다.
국기 계양대의 맨 위쪽 끝에는 깃봉이 있다.
바람이 부니 국기 계양대가 건들건들 흔들린다.

'국기 계양'이
맞습니다.

무엇이 맞을까요. 맞은 단어 위에 ○표하세요.

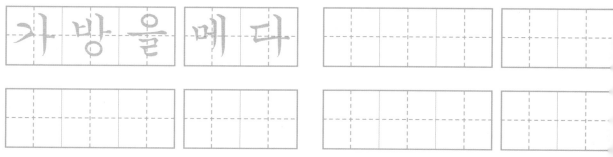

가방을 매다 🐵 가방을 메다

메다 [메:대] 어깨에 걸치거나 올려놓다.

아하~

가방을 메다　　　　　　보따리를 메다.
어깨에 총을 메다　　　　배낭을 메다.
어깨에 배낭을 메다

'가방을 메다'가
맞습니다.

무엇이 맞을까요. 맞은 단어 위에 ◯표하세요.

가파라 가팔라

가파르다 [가파르다] 산이나 길이 몹시 기울어져 있다. (활용형 : 가팔라)

 아하~

그 산은 매우 가파르다.
그들은 가파른 고갯길에 접어들었다.
가파른 골목길을 기어오르다.

물가 상승률이 가팔라.
내리막이 가팔라 조심해야 해.

'가팔라' 가
맞습니다.
가파라(X)

무엇이 맞을까요. 맞은 단어 위에 ◯표하세요.

고난이도 고난도

고난도 어려움의 정도가 매우 큼.

 아하~

• 고난도의 액션 연기.
• 고난도 기술.
• 고난도 작업.

• 고난도 훈련
• 체조 선수가 고난도 묘기
  를 선보여 높은 점수를 받

았습니다.

'고난도' 가
맞습니다.
고난이도(X)

※수학 문제의 어려운 정도를 말하기 위해서는 '난이도' 가 아닌 '난도' 를 쓰는 것이 알맞습니다.

9

무엇이 맞을까요. 맞은 단어 위에 ○표하세요.

고기국 고깃국

고깃국 [고기꾹/고긷꾹] 고기를 넣어 끓인 국.

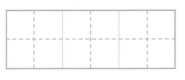  

쌀밥에 고깃국.   고깃국 한 그릇.
소고깃국으로 몸보신.   진한 고깃국.
하얀 쌀밥과 고깃국이 입에 감긴다.

'고깃국' 이 맞습니다.

무엇이 맞을까요. 맞은 단어 위에 ○표하세요.

구슬사탕 알사탕

알사탕 [알싸탕] 알처럼 작고 둥글둥글하게 생긴 사탕.

바삭 소리를 내며 알사탕을 깨물다.   알사탕 한 알을 한입에 쏙.
아이가 알사탕을 입에 물고 바사삭거린다.   줄줄이 알사탕
알사탕을 우둑대며 깨무는 소리가 요란하다.

'알사탕' 이 맞습니다.
구슬사탕(X)

무엇이 맞을까요. 맞은 단어 위에 ○표하세요.

구절 귀절

구절 [구절] 한 토막의 말이나 글.

 아하~

책에서 좋은 구절을 뽑아 인용하다   풍경을 묘사한 구절
그 구절에는 굵은 밑줄이 쳐져 있었다.   유행가 구절
시의 한 구절

'구절' 이
맞습니다.
귀절(X)

무엇이 맞을까요. 맞은 단어 위에 ○표하세요.

그리고 나서  그러고 나서

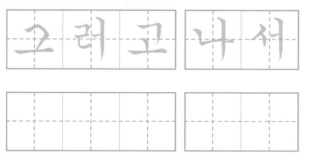

 아하~

너 또 공연히 트집이 나서 그러지.
이제 막 자고나서 그런지 시말타구가 하나도 없이 보이네.
딸아이는 푹 자고 나서 그런지 오늘은 덜 아파하는 것 같다.

'그러고 나서'가
맞습니다.
'그리고 나서(X)'

무엇이 맞을까요. 맞은 단어 위에 ○표하세요.

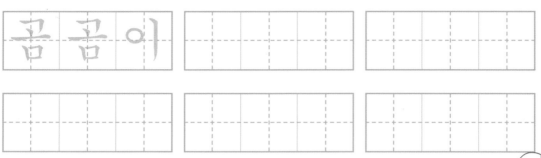

곰곰이 ☆ 곰곰히

곰곰이 [곰·고미] 여러모로 깊이 생각하는 모양.

곰 곰 이

 아하~

곰곰이 생각하다   곰곰이 생각에 잠기다
곰곰이 생각해 봐!   곰곰이 돌이켜 봐라.
※"그 일의 해결 방안을 곰곰이 생각해 보았다."

'곰곰이' 가 맞습니다.
곰곰히(X)

무엇이 맞을까요. 맞은 단어 위에 ○표하세요.

금새 금세

금세 [금세] 지금 바로, '금세' 는 '금시에' 의 준말

금 세

 아하~

비가 오고 나니 금세 날씨가 선선해졌네요.   밥을 금세 먹어 치웠다.
금세라도 태풍이 몰려올 것 같은 하늘.   소문이 금세 퍼졌다.
금세 일을 끝났다.   그는 잰 걸음으로 금세 사라졌다.

'금세' 가 맞습니다. 금새(X)

※'그사이, 밤사이' 를 줄여 '그새, 밤새' 라고 합니다.

무엇이 맞을까요. 맞은 단어 위에 ○표하세요.

개발새발 괴발새발

개발새발 [개:발새발] 글씨를 아무렇게나 써 놓은 모양

 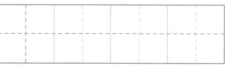

 글씨가 개발새발이네.
개발새발로 써 놓아 우리는 무슨 말인지 알 수가 없었다.

 '개발새발' 이
맞습니다.
괴발새발(X)

무엇이 맞을까요. 맞은 단어 위에 ○표하세요.

거에요 거예요

 아하~
오늘 일찍 집에 갈 거예요?   지금 가서도 만나지 못할
이거 왜 이런 거예요?   거예요.
도대체 어떻게 된 거예요?

 '거예요' 가
맞습니다.
거에요(X) 이예요(X)

13

무엇이 맞을까요. 맞은 단어 위에 ○표하세요.

같아요 같애요

같다 [갇따] 서로 다르지 않고 하나이다. (활용형: 같아요) 같애서(X), 같어요(X), 같어서(X)'

아하~
갈 것 같아요.
우린 나이가 같아.
우리 둘은 나이가 같아요.

'같아요' 가
맞습니다.

무엇이 맞을까요. 맞은 단어 위에 ○표하세요.

갔다 놓다 갖다 놓다

 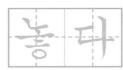

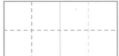

아하~
제자리에 갖다 놓다
짐들을 방 안에 갖다 놓았다.
※또한 '갖다 놓다' 는 띄어서 써야 하는 것도 기억하세요.

'갖다 놓다' 가
맞습니다.
갔다 놓다(X)

무엇이 맞을까요. 맞은 단어 위에 ○표하세요.

갈게 갈께

가다 [가다] 한곳에서 다른 곳으로 장소를 이동하다. (활용형 : 갈게)

오늘은 나 먼저 갈게.　　　　이따가 갈게.
남은 음식은 내가 갖고 갈게.　　내가 그리로 갈게.

'갈게' 가
맞습니다.

무엇이 맞을까요. 맞은 단어 위에 ○표하세요.

끼어들기 끼여들기

끼어들다 [끼여들다] 틈 사이를 비집고 들어서다.

끼어들기를 하지 맙시다.　　　판에 끼어들다.
대화 도중에 끼어들다　　　　남의 사이에 끼어들다.

'끼어들기'
표준어

15

무엇이 맞을까요. 맞은 단어 위에 ○표하세요.

꼬매다 꿰매다

꿰매다 [꿰:매다] 뚫어진 데를 바늘로 깁거나 얽어매다.

'꿰매다' 가
맞습니다.

아하~

찢어진 이마를 꿰매다   해어진 양말 뒤꿈치를 꿰
실로 옷감을 꿰매다   매다.
옷에 헝겊을 대고 꿰매다

무엇이 맞을까요. 맞은 단어 위에 ○표하세요.

깨끗잖다 깨끗찮다

'깨끗잖다' 가
맞습니다.

아하~

깨끗잖은 환경.
집이 깨끗잖다.
'깨끗하지 않다→깨끗지 않다→깨끗잖다' 의 과정을 거친 '깨끗잖다' 를 쓸 수 있습니다.

무엇이 맞을까요. 맞은 단어 위에 ○표하세요.

강남콩 강낭콩

강낭콩 [강낭콩] 콩과의 한해살이풀.

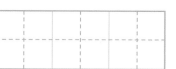

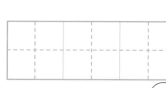

 아하~
강낭콩을 까다.
밥에 강낭콩을 섞어 먹으면 맛있어요.
강낭콩의 덩굴이 처마까지 뻗어 올라갔다.

'강낭콩' 이
표준어입니다.
강남콩(X)

무엇이 맞을까요. 맞은 단어 위에 ○표하세요.

굳이 구지

굳이 [구지] 단단한 마음으로 굳게.

 아하~
굳이 살 필요가 없어서 사지 않았다.
굳이 가겠다면 붙들지 않겠다.
지난 일을 굳이 캐묻지 않겠다.   굳이 다짐하다.

'굳이' 가
맞습니다.
구지(X), 굿이(X)

17

무엇이 맞을까요. 맞은 단어 위에 ○표하세요.

건드리다 건들이다

건드리다 [건:드리대] 조금 움직일 만큼 손으로 만지거나 무엇으로 대다.

아하~

비위를 건드려.
내 물건 함부로 건드리지 마.

남의 물건을 함부로 건드리다.
비위를 건드리다.

'건드리다.'가
맞습니다.
건들이다(X)

무엇이 맞을까요. 맞은 단어 위에 ○표하세요.

게임 께임

게임 [game] 규칙을 정해 놓고 승부를 겨루는 놀이.

아하~

축구를 한 게임 하다.
오락실에 가서 게임을 하다.
이번 게임은 청팀이 이겼다.

'게임'이
맞습니다.

무엇이 맞을까요. 맞은 단어 위에 ○표하세요.

개거품 게거품

게거품 [게:거품] 게가 토하는 거품.

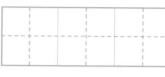

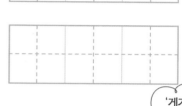

 아하~

막 잡아 올린 게의 입에서 게거품이 나왔다.
입에서 부글부글 게거품을 내어놓았다.
흥분한 사내가 게거품을 뿜으며 달려들었다.

'게거품' 이
맞습니다.
개검품(X)

무엇이 맞을까요. 맞은 단어 위에 ○표하세요.

구시렁거리다 궁시렁거리다

구시렁거리다 [구시렁거리다] 못마땅하여 군소리를 듣기 싫도록 자꾸 하다.

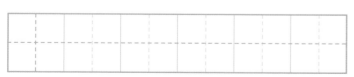

 아하~

혼자 속으로 구시렁거리며.
그만 좀 구시렁거려. 나지막한 소리로 구시렁구시렁 중얼거리다.
'궁시렁궁시렁(X)' 이 아니라 '구시렁구시렁' 으로 써야 하니 주의해 주세요.

'구시렁거리다'
가 맞습니다.

19

무엇이 맞을까요. 맞은 단어 위에 ◯표하세요.

곱배기 곱빼기

곱빼기 [곱빼기] 두 그릇의 몫을 한 그릇에 담은 분량.

그는 항상 자장면 곱빼기를 먹었다.
자장면 곱빼기.
곱빼기로 주문하다.

'곱빼기' 가
맞습니다.
곱배기(X)

무엇이 맞을까요. 맞은 단어 위에 ◯표하세요.

귀뜸 귀띔

귀띔 [귀띔] 미리 슬그머니 일깨워 줌.

"친구가 나에게 몰래 귀띔을 해 주었다."
귀띔을 하다.
귀띔을 듣다.

'귀띔' 이
맞습니다.
귀뜸(X), 귀띰(X)

무엇이 맞을까요. 맞은 단어 위에 ◯표하세요.

귀먹어리 귀머거리

귀머거리 [귀머거리] '청각 장애인' 을 낮잡아 이르는 말.

 아하~
귀머거리 행세.
　귀머거리여도 말이야 다 알아 듣는다.
※ '귀머거리' 는 청각 장애인을 비하의 의미가 담겨 있으니 사용에 주의해 주세요.

'귀머거리' 가
맞습니다.

무엇이 맞을까요. 맞은 단어 위에 ◯표하세요.

길다란 줄 기다란 줄

기다랗다 [기:다라타] 매우 길거나 생각보다 길다. (활용형: 기다란)

 아하~
기다란 몽둥이
기다라니 늘어서다
사람들이 극장 앞에 기다라니 서 있다.

'기다란 줄' 이
맞습니다.
길다랗다(X), 길따랗다(X)

21

무엇이 맞을까요. 맞은 단어 위에 ○표하세요.

곤색 감색

감색 [감색] 짙은 청색에 적색 빛깔이 풍기는 색.

  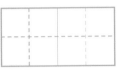 

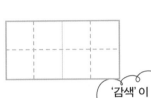
'감색' 이
맞습니다.
곤색(X)

 아하~

검정에 가까운 감색 양복.
옷 색깔이 감색되어 낡아 보인다.
이 넥타이는 감색 양복에 잘 맞겠다.

무엇이 맞을까요. 맞은 단어 위에 ○표하세요.

갑작스러운 갑작스런

갑자기 [갑짜기] 미처 생각할 겨를도 없이 급히.

'갑작스러운' 이
맞습니다.

 아하~

갑자기 바쁜 일이 생겼다.
그의 표정이 갑자기 굳어졌다.
갑자기 바람이 확 불어 왔다.

무엇이 맞을까요. 맞은 단어 위에 ○표하세요.

께름칙하다  께름직하다

께름칙하다 [께름치카다] 마음에 걸려서 언짢고 싫은 느낌이 꽤 있다.

 아하~
처음에는 불안하고 께름직했다/께름칙했다.
늘 그랬었지만 따라나서기가 께름칙/께름직하다.
행위가 명백함에도 불구하고 께름칙/께름직하다.

'께름직하다'와
'께름직하다'도
둘 다 표준어

무엇이 맞을까요. 맞은 단어 위에 ○표하세요.

괴팍하다 괴퍅하다

괴팍하다 [궤:파카다/괴:파카다] 붙임성이 없이 까다롭고 별나다.

 아하~
괴팍한 성격.
큰 병을 앓으며 괴팍한 성미가 심해졌다.
성미가 괴팍하다.

'괴팍하다'가
표준어 맞습니다.

무엇이 맞을까요. 맞은 단어 위에 ○표하세요.

꽤나 크네 깨나 크네

꽤나 크네 [꽤나 크네] 보통보다 조금 더한 정도로 크다.

   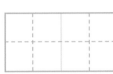

아하~
운동장이 꽤 크다.
그녀는 눈이 꽤 크다.
그 여자는 키가 꽤 크다.

'꽤나 크네.'가
맞습니다.

무엇이 맞을까요. 맞은 단어 위에 ○표하세요.

끗발이 세다 끝발이 세다

끗발 [끋빨] 아주 당당한 권세나 기세.

 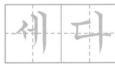

아하~
끗발이 있다
끗발이 오르다
끗발이 센 고향 선배.

'끗발이 세다'가
맞습니다.
끝발(X)

24

무엇이 맞을까요. 맞은 단어 위에 ○표하세요.

걸맞은 걸맞는

걸맞다 [걸:맏때] 두 편을 견주어 볼 때 서로 어울릴 만큼 비슷하다. (활용형: 걸맞은)

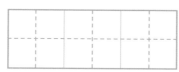

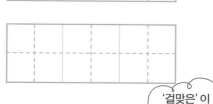

알맞은 온도.
친구로 사귀기에 걸맞은 상대
분위기에 걸맞은 옷차림

'걸맞은' 이
맞습니다.
걸맞는(X)

무엇이 맞을까요. 맞은 단어 위에 ○표하세요.

겁장이 겁쟁이

겁쟁이 [겁쨍이] 겁이 많은 사람을 이르는 말.

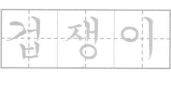

겁쟁이라고 놀리다
걔는 겁쟁이라 혼자는 못 간다.
우리는 그를 겁쟁이로 치부하였다.

'겁쟁이' 가
맞습니다.
겁장이(X)

25

무엇이 맞을까요. 맞은 단어 위에 ◯표하세요.

가져 갖어

가지다 [가지대] 손이나 몸 따위에 있게 하다. (활용형 : 가져)

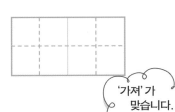

'가져'가
맞습니다.
갖어(X)

 아하~

이것과 함께 묶어서 가져가세요?
나한테도 관심 좀 가져 줘.
유기동물에 관심을 가져 주세요.

무엇이 맞을까요. 맞은 단어 위에 ◯표하세요.

긴가민가 깅가밍가

긴가민가 [긴가민개] 그렇지 않은지 분명하지 않은 모양.

'긴가민가'가
맞습니다.

 아하~

꿈인지 생신지 그것이 긴가민가하다.
처음에는 긴가민가했는데.
약속이 3시가 맞는지 긴가민가하다.

무엇이 맞을까요. 맞은 단어 위에 ◯표하세요.

감감무소식 감감소식

소식이나 연락이 전혀 없는 상태.

 아하~

비 소식은 여전히 감감무소식입니다/감감소식입니다.
심부름을 보낸 아이가 한 시간이 지났는데도 감감무소식/감감소식이다.
'감감무소식' 과 '감깜소식' 도 둘 다 표준어이니 기억해 주세요.

'감감무소식' 과
'감감소식'
둘 다 맞습니다.

무엇이 맞을까요. 맞은 단어 위에 ◯표하세요.

깡충깡충 깡총깡총

깡충깡충 깡총깡총 짧은 다리를 모으고 자꾸 힘 있게 솟구쳐 뛰는 모양.

 아하~

깡충깡충 뛰다.
깡충깡충 뛰어다녔다.
조그만 소녀가 깡충깡충 뛰어 달려왔다.

'깡충깡충' 이
표준어
깡총깡총(X)

무엇이 맞을까요. 맞은 단어 위에 ◯표하세요.

가난의 대물림  가난의 되물림

대물림 [대ː물림] 후대의 자손에게 이어 나감.

 아하~

대물림을 받다.
세습을 통한 부의 대물림.
가난의 대물림을 끊어야 한다.

'가난의 대물림'
이 맞습니다.
되물림(X)

무엇이 맞을까요. 맞은 단어 위에 ◯표하세요.

거스러미 거스래미

거스러미 [꺼스러미] 손발톱 뒤의 살 껍질이나 얇게 터져 일어난 부분.

 아하~

손톱 주위에 다시 거스러미가 일기 시작했다.
손톱 옆 거스러미.
손거스러미 관리 방법

'거스러미'가
맞습니다.
'거스라미(X)'나
거스래미(X)

무엇이 맞을까요. 맞은 단어 위에 ○표하세요.

태풍에 배가 **결단났다** **결딴났다**

결딴나다 [결딴나다] 망가져서 도무지 손을 쓸 수 없는 상태. (활용형: 결딴났다)

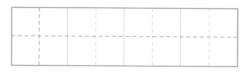

 아하~

아이가 장난감을 집어 던져 결딴났다.
태풍에 묶어 놓은 그의 배가 완전히 결딴났다.
라디오가 떨어져 결딴났다.

"태풍에 배가
결딴났다."가
맞습니다.

무엇이 맞을까요. 맞은 단어 위에 ○표하세요.

그리스 **그리이스**

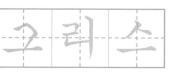

 아하~

이제는 그리스, 터키, 오사카 가 맞겠죠?
그리이스(X), 터어키(X), 오오사카(X)

'그리스'가
맞습니다.

29

무엇이 맞을까요. 맞은 단어 위에 ◯표하세요.

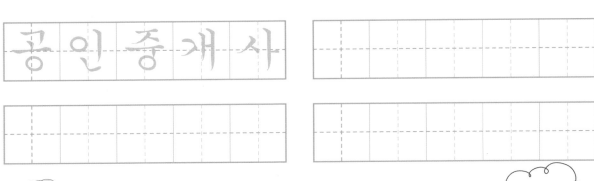

공인중개사 🐵 공인중계사

공인중개사

'공인중개사' 가
맞습니다.

아하~
공인 중개사 토지, 건물, 중개를 전문으로 할 수 있는 법적 자격을 갖춘 사람.
공인 중개사 시험을 보다.　공인 중개사 자격증은 장롱 면허증이 되었다.
생계를 위해 공인 중개사 '중계 수수료(X)' 가 아니라 '중개 수수료 겠죠?

무엇이 맞을까요. 맞은 단어 위에 ◯표하세요.

가잔다 가잰다

가다 한곳에서 다른 곳으로 장소를 이동하다. (활용형: 가잔다)

가잔다

 아하~
잘 가요. 낼 봐요.
오늘은 나 먼저 갈게.
저 갈 길을 가다.

'가잔다' 가
맞습니다.

무엇이 맞을까요. 맞은 단어 위에 ○표하세요.

걱정거리 걱정꺼리

걱정거리 [걱쩡꺼리] 걱정이 되는 조건이나 일.

 아하~
걱정거리가 있다
왜 그러고 있어? 무슨 걱정거리라도 생겼니?
어느 집이나 걱정거리 한둘씩은 있기 마련이다.

 '걱정거리' 가
맞습니다.

무엇이 맞을까요. 맞은 단어 위에 ○표하세요.

끔찍이 끔직히

끔찍이 [끔찌기] 정도가 지나쳐 놀랍게.

 아하~
끔찍이 보살핀다.
날씨가 끔찍이도 덥다.
가족을 끔찍이 사랑하시는 부모님.

 '끔찍이' 가
맞습니다.

무엇이 맞을까요. 맞은 단어 위에 〇표하세요.

고들빼기 꼬들빼기

 아하~
고들빼기 : 국화과의 두해살이풀.
고들빼기김치.
고들빼기무침.

'고들빼기' 가
맞습니다.

무엇이 맞을까요. 맞은 단어 위에 〇표하세요.

괄세 괄시

괄시 [괄씨] 업신여겨 하찮게 대함.

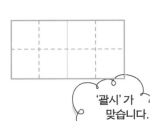
'괄시' 가
맞습니다.

 아하~
사람 괄시하지 말아요.
지가 뭔데 사람을 괄시해.
내가 이런 괄시를 받게 되다니.

무엇이 맞을까요. 맞은 단어 위에 ○표하세요.

국수가 불면 🐵 국수가 불으면

불다 불:대 바람이 일어나서 방향으로 움직이다. (활용형: 불으면)

불	으	면			

 아하~

그는 항상 짜장면 곱빼기를 먹었다.
곱빼기로 주문하다.
곱빼기로 욕을 먹다.

'불으면' 이
맞습니다.

무엇이 맞을까요. 맞은 단어 위에 ○표하세요.

귀때기 귓대기

귀때기 '귀' 를 속되게 이르는 말.

귀	때	기			

 아하~

귀때기가 새파란 녀석이 어디 어른한테 대들어?
날이 너무 추워서 귀때기가 떨어져 나갈 것 같다.
귀때기가 빨갛게 변했다.

'귀때기' 가
맞습니다.

무엇이 맞을까요. 맞은 단어 위에 ○표하세요.

늘상 늘

늘[늘] 계속하여 언제나.

아하~
그는 늘 말이 없다.
늘 아름다운 너.
그는 늘 경우가 밝다.

'늘'이
맞습니다.

무엇이 맞을까요. 맞은 단어 위에 ○표하세요.

낚시꾼 낚싯꾼

낚시꾼 [낙씨꾼] 낚시로 고기잡이를 하는 사람.

아하~
호숫가에 낚시꾼들이 드문드문 보였다.
낚시꾼에게 낚인 은어.
그 낚시꾼은 잡은 고기를 모두 살려 주었다.

'낚시꾼'이
맞습니다.

무엇이 맞을까요. 맞은 단어 위에 ◯표하세요.

누우면 누으면

눕다 [눕:따] 몸을 바닥에 수평 상태가 되게 하다. (활용형: 누우면)

 아하~
옆으로 누우면 허리가 아팠다.
침대에 발랑 누워 버리다.
눕자마자 이내 잠이 들었다.

'누우면' 이
맞습니다.
누으면(X)

무엇이 맞을까요. 맞은 단어 위에 ◯표하세요.

누굴 건드려 누굴 건들어

 아하~
누구 하나 그를 건드릴 수 있는 사람이 없었다.
누구라 가릴 것 없이 모두 다.
그의 약점을 건드려 발끈하게 만들었다.

'누굴 건드려' 가
맞습니다.

35

무엇이 맞을까요. 맞은 단어 위에 ○표하세요.

눈곱 눈꼽

눈곱 [눈꼽] 눈에서 나오는 진득진득한 액.

  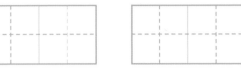

아하~

눈곱이 끼다
눈곱을 떼다
세수하면서 눈곱을 닦다.

'눈곱' 이
맞습니다.
눈꼽(X)

무엇이 맞을까요. 맞은 단어 위에 ○표하세요.

나루배 나룻배

나룻배 [나루빼] 나루와 나루 사이를 오가는 작은 배.

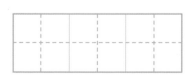  

아하~

나룻배를 타고 강을 건너다.
강변에 조그만 나룻배가 한 척 있다.
나룻배 사공

'나룻배' 가
맞습니다.

무엇이 맞을까요. 맞은 단어 위에 ○표하세요.

놓여진 놓인

놓이다 [노이대] 물체가 일정한 곳에 두어지다.

  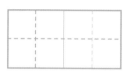 

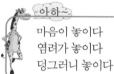
아하~
마음이 놓이다
염려가 놓이다
덩그러니 놓이다

'놓인' 이 맞습니다.
놓여지지(X),
놓여졌다(X)

무엇이 맞을까요. 맞은 단어 위에 ○표하세요.

낯설은 낯선

낯설다 [낟썰대] 사물이 눈에 익지 아니하다. (활용형: 낯선)

  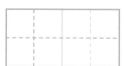

아하~
낯선 사람이 나에게 인사해서 당황했다.
낯선 사람이 알은척을 한다.
아이들은 낯선 사람에게 경계심을 보인다.

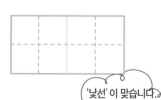
'낯선' 이 맞습니다.
낯설으니까(X),
낯설은(X)

무엇이 맞을까요. 맞은 단어 위에 ○표하세요.

남비 냄비

냄비[냄비] 음식을 끓이거나 삶는 데 쓰는 용구의 하나.

'냄비' 가
맞습니다.
남비(X)

 아하~

냄비 뚜껑을 열다
냄비에서 물이 끓고 있다.
냄비에서 물이 파르르 끓는다.

무엇이 맞을까요. 맞은 단어 위에 ○표하세요.

내로라하다 내노라하다

내로라하다[내로라하다] 어떤 분야를 대표할 만하다.

 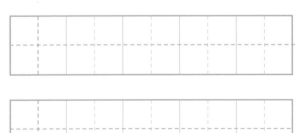

'내로라하다' 가
맞습니다.
내노라하다(X)

 아하~

내로라하는 스타
내로라하는 개구쟁이 아이가 있었다.
내로라하는 재계의 인사들이 한곳에 모였다.

무엇이 맞을까요. 맞은 단어 위에 ○표하세요.

널브러지다 널부러지다

널브러지다 [널브러지대] 너저분하게 흐트러지거나 흩어지다.

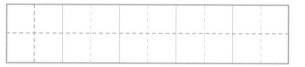

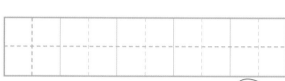

 아하~
싸움이 끝나자 여러 명이 바닥에 널브러져 앉았다.
방바닥에 옷가지들을 널브러뜨리다.
방바닥에 책을 널브러트리다.

'널브러지다'
널부러지다(X)

무엇이 맞을까요. 맞은 단어 위에 ○표하세요.

너가 네가

네가 [네개] 묻는 말에 긍정하여 대답할 때 쓰는 말.

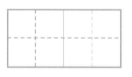

 아하~
네가 먹을 치의 분량만 가지고 가.
네가 네 죄를 아느냐?
네 잘못을 네가 알렷다.

'네가' 가
맞습니다.
너가(X)

무엇이 맞을까요. 맞은 단어 위에 ◯표하세요.

내 거 내 꺼

내거[내:게] 오고감.

 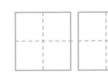 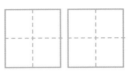

 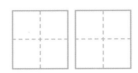 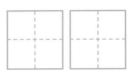

그 책은 내 거다.
네 거 내 거 따지지 말자.
여기에 온 건 내가 제일 먼저다.

'내 거'가
맞습니다.
내 꺼(X)

무엇이 맞을까요. 맞은 단어 위에 ◯표하세요.

널었어요 너렸어요

널다[널:다] 볕을 쐬기 위하여 펼쳐 놓다. (활용형: 너세요)

아하~
해가 나서 빨래를 널었다.
엄마는 빨래를 햇볕에다 널어 말렸다.
고추를 한방 가득 널어서 말린다.

'널었어요'가
맞습니다.
너렸어요(X)

40

무엇이 맞을까요. 맞은 단어 위에 ○표하세요.

눈살 눈쌀

눈살 [눈쌀] 두 눈썹 사이에 잡히는 주름.

눈살을 찌푸리고 노려보았다.　　눈살을 펴다,
눈살을 찌푸리다.
눈살이 따갑다

'눈살'이
맞습니다.
눈쌀(X)

무엇이 맞을까요. 맞은 단어 위에 ○표하세요.

느즈막하다 느지막하다

느지막이 [느지막이] 시간이나 기한이 매우 늦게.

느지막이 떠나다.　　느지막한 아침 식사
느지막한 일요일 오후에 산행을 떠났다.
'느지막이' 도 '느즈막이(X)' 로 쓰지 않으니 주의해 주세요.

'느지막하다'가
맞습니다.
느즈막하다(X)

무엇이 맞을까요. 맞은 단어 위에 ◯표하세요

고무줄을 늘이다 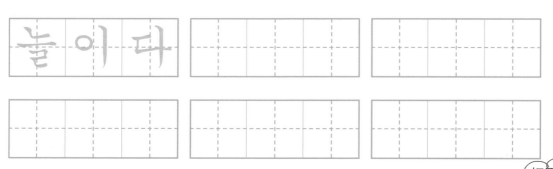 고무줄을 늘리다

늘이다 [느리다] 본디보다 더 길어지게 하다.

늘이다

 아하~

고무줄을 늘이다
엿가락을 늘이다
'고무줄' 이나 '시곗줄' 과 같이 대상의 길이를 길게 한다는 의미를 표현하고 싶다면 '늘이다'

'고무줄을
늘이다' 가 맞습니다.
고무줄을 늘리다(X)

무엇이 맞을까요. 맞은 단어 위에 ◯표하세요

높이다 높히다

널따랗다는 겹받침을 쓰지 않으니 기억해 주세요.

높이다

 아하~
아래에서 위까지의 길이를 길게 하다.
온도를 높이다.
언성을 높이다.

'높이다' 가
맞습니다.

무엇이 맞을까요. 맞은 단어 위에 ○표하세요.

널빤지 널판지

널빤지 [널ː빤지] 판판하고 넓게 켠 나뭇조각.

아하~

널빤지를 자르다.
널빤지를 쌓다.
널빤지로 엉성하게 만든 부엌문

'널빤지'가
맞습니다.
널판지(X)

무엇이 맞을까요. 맞은 단어 위에 ○표하세요.

날름 낼름

날름 [날ː름] 혀, 손 따위를 날쌔게 내밀었다 들이는 모양.

아하~

혀를 날름 내미는 버릇이 있다.
혀를 날름 내밀었다.
혓바닥을 날름하고 도망을 갔다.

'날름'이
맞습니다.
낼름(X)

무엇이 맞을까요. 맞은 단어 위에 ○표하세요.

나의 것 나에 것

'승리는 나의 것.   '내 인생은 나의 것.
그럼 '또 하나에 사랑' 일까요, '또 하나의 사랑' 일까요?
'또 하나' 와 '사랑' 의 명사들 사이에서 쓰였으므로 '의' 를 써야겠지요?

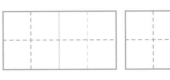
'나의 것' 이
맞습니다.

무엇이 맞을까요. 맞은 단어 위에 ○표하세요.

넉넉잖다 넉넉찮다

넉넉잖은 자리.
어릴 땐 항상 주머니 사정이 넉넉잖았다.
'넉넉하지 (않게) 는 '넉넉지(않게) 로 적습니다.

'넉넉잖다' 거
맞습니다.
넉넉찮다(X)

무엇이 맞을까요. 맞은 단어 위에 ○표하세요.

녹녹하지 않다 녹록하지 않다

녹록하다 [농노카다] 평범하고 보잘것없다. (활용형: 녹록하지)

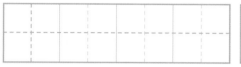

 아하~
녹록하지 않은 사람.
내가 그 사람에게는 녹록하게 보였나 보다.
인생이 녹록하지 않아서 힘이 든다.

'녹록하지 않다'
가 맞습니다.

무엇이 맞을까요. 맞은 단어 위에 ○표하세요.

남녀노소 남녀로소

남녀노소 [남녀노소] 남자와 여자, 늙은이와 젊은이란 뜻

 아하~
남녀노소 누구나 즐겨 먹는 요리입니다.
남녀노소 할 것 없이 다 모이다
그는 남녀노소를 막론하고 좋아하는 가수이다.

'남녀노소' 가
맞습니다.

45

무엇이 맞을까요. 맞은 단어 위에 ◯표하세요.

녹슨 녹슬은

녹슬다 쇠붙이가 산화하여 빛이 변하다.

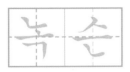   

'녹슨'이
맞습니다.

아하~

녹슨 나사에 기름을 칠하다
녹슨 대문이 삐거덕 열렸다.
칼이 녹슬어 잘 들지 않는다.

무엇이 맞을까요. 맞은 단어 위에 ◯표하세요.

낚시줄 낚싯줄

낚싯줄 [낙씨쭐] 낚싯바늘을 매어 달기 위하여 쓰는 가늘고 질긴 끈.

  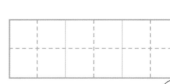

아하~

저수지에 낚싯줄을 드리우다
낚싯줄을 당기다
고기가 물자 낚싯줄이 팽팽하게 당겨졌다.

'낚싯줄'이
맞습니다.

46

무엇이 맞을까요. 맞은 단어 위에 ○표하세요.

널따란 마당 넓다란 마당

 아하~
널따란 마당에서 뛰노는 아이들.
새집은 거실이 널따랗다.

 '널따란 마당' 이
맞습니다.

무엇이 맞을까요. 맞은 단어 위에 ○표하세요.

낙지 낙지

낙지 [낙찌] 문어과의 하나.

 아하~
씹을수록 고소한 낙지의 참맛.
낙지볶음을 요리하다
나는 이번에 낙지를 처음 먹어 봤어.

 '낙지' 가
맞습니다.

47

무엇이 맞을까요. 맞은 단어 위에 ○표하세요.

돌 돐

돌 [돌ː] 어린아이가 태어난 날로부터 한 해가 되는 날.

'아기 첫돌' 이라고 해야 합니다.

아하~

돌 반지가 참 예쁘다.
돌을 깎아 조각품을 만든다.
'돐' 은 비표준어이고, '돌' 이 표준어입니다.

무엇이 맞을까요. 맞은 단어 위에 ○표하세요.

뚝배기 뚝빼기

뚝배기 [뚝빼기] 찌개 따위를 담을 때 쓰는 오지그릇.

 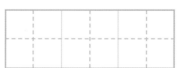 

'뚝배기' 가 맞습니다.
뚝빼기(X)

아하~

된장찌개는 뚝배기로 끓여야 제 맛이지.
뚝배기에 담긴 해장국이 먹음직스럽다.
뚝배기에 된장찌개를 끓이다.

무엇이 맞을까요. 맞은 단어 위에 ○표하세요.

딱따구리 딱다구리

딱따구리 [딱따구리] 딱따구릿과의 새를 통틀어 이르는 말.

 아하~
딱따구리 소.리 딱따구리는 나무 구멍 속에 있는 벌레를 잡아먹는다.
'딱딱+-우리' 에서 온 말인 '딱따구리' 의 표기는 "한 단어 안에서 같은 음절이나
비슷한 음절이 겹쳐 나는 부분은 같은 글자로 적는다." 라는 '한글 맞춤법'

'딱따구리' 가
맞습니다.

무엇이 맞을까요. 맞은 단어 위에 ○표하세요.

서 돈 석 돈 세 돈

 아하~
서 돈짜리 금을 금은방에 팔았다.
없어진 금이 서 돈 남짓합니다.
구슬이 서 말이라도 꿰어야 보배

'서 돈' 이 맞습니다.
'석 돈(X)',
'세 돈(X)'

49

무엇이 맞을까요. 맞은 단어 위에 ◯표하세요.

넉 되

아하~

되로 주고 말로 받는다.
그럼 '금 네 냥' 일까요? '금 넉 냥' 일까요?
엽전을 세던 단위 '냥(兩)' 과 함께 쓰이니 '넉 냥' 이 맞겠죠?

'넉 되'가 맞습니다.
'너 되(X)' ,
'네 되(X)'

무엇이 맞을까요. 맞은 단어 위에 ◯표하세요.

진실이 드러나다 들어나다

드러나다[드러나다] 보이지 않던 것이 보이게 되다.

드러나다

아하~

모든 잘못이 명백히 드러나다
얼굴의 선이 드러나다
사건의 윤곽이 명료히 드러나다

'진실이 드러나
다'가 맞습니다.
들어나다(X)

50

무엇이 맞을까요. 맞은 단어 위에 ○표하세요.

닥달하다 닭달하다

닦달하다 [닥딸하다] 남을 윽박지르거나 혼을 내다.

부하를 닦달하다.
빨리 일을 끝내라고 닦달했다.
닦달에 못 이기는 척 고향으로 향했다.

'닦달하다' 가
맞습니다.
닥달하다(X),
닦딸하다(X)

무엇이 맞을까요. 맞은 단어 위에 ○표하세요.

대가 댓가

대가 [대:까] 물건의 값으로 치르는 돈.

노력한 만큼 대가를 얻다.
대가를 치르다.
노동의 대가로 임금을 받다.

'대가' 가
맞습니다.
댓가(X)

무엇이 맞을까요. 맞은 단어 위에 ○표하세요.

뒤치다꺼리 뒤치닥거리

뒤치다꺼리 [뒤:치다꺼리] 뒤에서 일을 보살펴서 도와주는 일.

뒤 치 다 꺼 리

 아하~
남 뒤치다꺼리에 넌덜이 나다.
아들의 뒤치다꺼리에 늘 정신이 없었다.
애들 뒤치다꺼리에 바쁘다.

 뒤치다꺼리'가
맞습니다.
뒤치닥거리(X)

무엇이 맞을까요. 맞은 단어 위에 ○표하세요.

계곡물에 발을 담그다 담구다

담그다 [담그대] 액체 속에 넣다.

담 그 다

 아하~
김장을 담그다
게장을 담그다.
욕조에 몸을 담그다

계곡물에
발을 담그다.
담구다(X)

무엇이 맞을까요. 맞은 단어 위에 ○표하세요.

더우기 더욱이

더욱이 [더우기] 그러한데다가 더.

  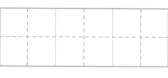

아하~
더욱이 환율 하락과 함께 광고 시장이
골목을 돌고 돌아 더욱이 밤이어서
이 집에는 문이 하나밖에 없는 데다 더욱이 매우 좁다

'더욱이'
맞습니다.
[더우기](X)

무엇이 맞을까요. 맞은 단어 위에 ○표하세요.

단출한 단촐한

단출하다 [단촐하다] 구성원이 많지 않아서 홀가분하다.

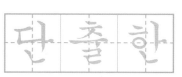  

아하~
단출한 살림.
단출한 식구.
살림이 단출하다.

'단출한'이
맞습니다.
단촐하다(X)

53

무엇이 맞을까요. 맞은 단어 위에 ◯표하세요

덤탱이 덤터기

덤터기 [덤터기] 억울한 누명이나 오명.

아하~
덤터기를 씌우다
덤터기를 쓰다.
엉뚱한 사람에게 덤터기를 씌우지 마라.

'덤터기'가
맞습니다.
덤탱이(X), 덤테기
(X), 덤태기(X)

무엇이 맞을까요. 맞은 단어 위에 ◯표하세요

돌하르방 돌하루방

돌하르방 [돌:하르방] 돌로 만든 할아버지라는 뜻.

아하~
제주도에서 돌하르방과 사진을 찍었다.
감귤초콜릿과 돌하르방 기념품
돌하르방은 틀림없이 남상이다.

'돌하르방'이
맞습니다.
돌하루방(X)

무엇이 맞을까요. 맞은 단어 위에 ○표하세요.

또아리를 튼 뱀 똬리를 튼 뱀

똬리 [똬:리] 둥글게 빙빙 틀어 놓은 것.

  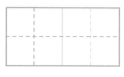 

 아하~

구렁이가 똬리를 틀고 있다.
뱀이 똬리를 틀다
똬리를 풀다

'똬리를 튼
뱀' 이 맞습니다.
또아리(X)

무엇이 맞을까요. 맞은 단어 위에 ○표하세요.

뒤풀이 뒷풀이

뒤풀이 [뒤:푸리] 모임을 끝낸 뒤에 서로 다시 모여 즐김.

 아하~

뒤풀이 장소
뒤풀이 공연으로 다시 한 번 관객들에게 감동을 선사했다.
토론이 끝난 뒤에 뒤풀이가 있사오니 모두 참석해 주십시오.

'뒤풀이' 가
맞습니다.

무엇이 맞을까요. 맞은 단어 위에 ◯표하세요.

뒤뜰 뒷뜰 뒷들

뒷들 뒤:뜰 집이나 마을 뒤에 있는 들.

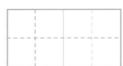

집 뒤뜰에 장독대가 있다.
그 집에는 넓은 뒤뜰이 딸려 있다.
뒤뜰에서 뛰노는 아이들.

'뒤뜰' 이
맞습니다.
뒷들(X) 뒤뜰(X)

무엇이 맞을까요. 맞은 단어 위에 ◯표하세요.

담겨진 담긴

담기다 액체 속에 넣어지다.(활용형: 담긴)

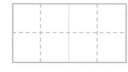

새 앨범에 담긴 노래
사랑이 담뿍 담긴 편지.
정이 듬뿍 담긴 위로의 말.

'담긴' 이
맞습니다.
'담겨지다(X)'

무엇이 맞을까요. 맞은 단어 위에 ○표하세요.

덮밥 덥밥

덮밥 [덥빱] 밥 위에 얹어 먹는 음식을 통틀어 이르는 말.

 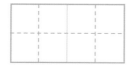  

아하~
점심으로 문어덮밥을 주문했다.
오징어를 볶아 덮밥을 만들어 먹었다.
성게덮밥을 주문했다.

'덮밥' 이 맞습니다.

무엇이 맞을까요. 맞은 단어 위에 ○표하세요.

되고 돼고

되다 [되다/뒈다] 새로운 신분이나 지위를 가지다. (활용형: 되고)

아하~
커서 의사가 되고 싶다.
너 커서 무엇이 되고 싶니?
디자이너가 되고 싶어요.

'되고' 가 맞습니다.

무엇이 맞을까요. 맞은 단어 위에 ◯표하세요.

되려 되레

되레 [되:레/뒈:레] '도리어' 의 준말. [도리에] 일반적인 생각과는 반대되거나 다르게.

  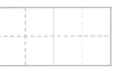 

아하~
도와주려고 한 일이 되레 폐만 끼쳤다.
방귀 뀐 놈이 성낸다더니 저놈이 되레 난리군.
잘못은 네가 해 놓고 되레 나한테 화를 내면 어떡해!

'되레' 가
맞습니다.

무엇이 맞을까요. 맞은 단어 위에 ◯표하세요.

되뇌어 되뇌여

되뇌다 [되뇌다/뒈눼대] 같은 말을 되풀이하여 말하다. (활용형: 되뇌어)

아하~
그는 금방 두 사람이 나눈 대화를 다시 되뇌어 보았다.
그는 같은 말을 버릇처럼 늘 되뇐다.
똑같은 넋두리를 수없이 되뇌었다.

'되뇌어' 가
맞습니다.

58

무엇이 맞을까요. 맞은 단어 위에 ○표하세요.

되라고 돼라고

되다 [되다/뒈다] 새로운 신분이나 지위를 가지다. (활용형: 되라고)

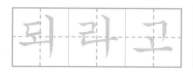  

 아하~
이게 다 너 잘되라고 하는 소리야.
내일 가도 되고 모레 가도 돼.
착한 사람이 되라고 말씀하셨다.

'되라고' 가
맞습니다.

무엇이 맞을까요. 맞은 단어 위에 ○표하세요.

다리가 저려 다리가 절이다

저리다 뼈마디나 몸의 일부가 쑥쑥 쑤시듯이 아프다.

 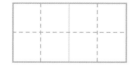  

 아하~
다리가 저려 걷기 힘들어요.
다리가 자르르 저리다.
오래 앉아 있었더니 다리가 자리자리 저리다.

'다리가 저려' 가
맞습니다.

59

무엇이 맞을까요. 맞은 단어 위에 ◯표하세요.

들어오십시오 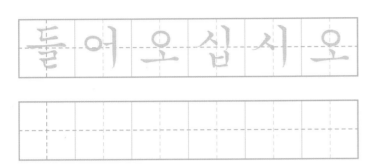 들어오십시**요**

들어오다 | 일정한 지역이나 공간으로 이동하다. (활용형: 들어오십시오)

들 어 오 십 시 오

 아하~

모두들 어서어서 들어오십시오.
쉿!, 누가 들어오고 있다.
신발을 벗고 들어오십시오.

'들어오십시오
맞습니다.

무엇이 맞을까요. 맞은 단어 위에 ◯표하세요.

대중요법 대증요법

대증요법 | 겉으로 나타난 병의 증상에 대응하여 처치를 하는 치료법.

대 증 요 법

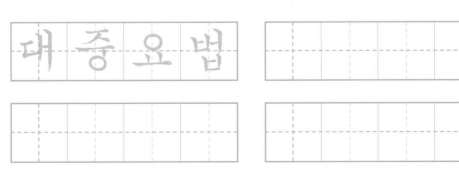 아하~

눈이 건조해지는 것을 막기 위한 대증요법
논란과 갈등의 소지가 많은 대증요법
대증요법으로 열이 나는 머리 위에 얼음주머니를 대었다.

'대증요법' 이
맞습니다.

무엇이 맞을까요. 맞은 단어 위에 ◯표하세요.

뒷힘 뒷심

뒷심 [뒤:씸] 남이 뒤에서 도와주는 힘.

  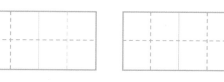

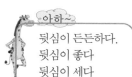

아하~
뒷심이 든든하다.
뒷심이 좋다
뒷심이 세다

'뒷심' 이
맞습니다.

무엇이 맞을까요. 맞은 단어 위에 ◯표하세요.

담배 한 개비 담배 한 개피

담배 [담:배] 담뱃잎을 말려서 가공한 기호품.

  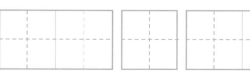

  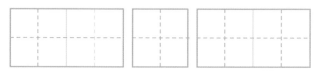

성냥 한 개비.
담배 한 개비를 입에 물었다.
건강을 위해서 담배를 한 번에 한 개비 이상 피우지 마세요.

'담배 한 개비'
가 맞습니다.

무엇이 맞을까요. 맞은 단어 위에 ○표하세요.

무 무우

무 [무:] 두해살이풀.

'무'가
맞습니다.
무우(X)

아하~
무를 절여 김치를 만들었다.
어머니가 무로 채를 썰었다.
그럼 '배암' 일까요? '뱀' 일까요? 준말인 '뱀' 이 맞겠죠?

무엇이 맞을까요. 맞은 단어 위에 ○표하세요.

뭐에요 뭐예요

뭐 예 요

'뭐예요' 가
맞습니다.
뭐에요(X)

아하~
그 귀신이 신통을 부린다지 뭐예요.
당신 지금 나랑 싸우자는 거예요 뭐예요?
너 뭐 해? 뭐 하느냐고?

62

무엇이 맞을까요. 맞은 단어 위에 ◯표하세요.

며칠 몇일

며칠 [며칠] 그달의 몇째 되는 날.

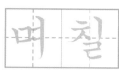

'며칠'이
맞습니다.

아하~

오늘이 몇 월 ◯◯이냐?"에서 ◯◯ 안에 들어갈 수 있는 말은 '며칠'과 '몇일' 중 어느 것이
맞습니까? '며칠'이 맞습니다.
친구 집에서 며칠 묵다.

무엇이 맞을까요. 맞은 단어 위에 ◯표하세요.

문구 문귀

문구 [문구] 학용품과 사무용품 따위를 통틀어 이르는 말.

'문구'가
맞습니다.
'귀절(X), 문귀(X)

아하~

문구점에서 학용품을 사다.
아이는 등굣길에 문구점에 잠깐 들른다.
나는 문구점에서 연필 한 다스를 샀다.

63

무엇이 맞을까요. 맞은 단어 위에 ○표하세요.

말씀드렸다시피 🐵 말씀드렸다싶이

말씀드리다 [말씀드리대] 자신의 생각이나 느낌을 말하다. (활용형: 말씀드렸다시피)

말 씀 드 렸 다 시 피

 아하~

제가 괜한 말씀을 드렸나 봐요.
이 분이 전에 말씀드린 사람입니다.
이 자리에서 내 사실대로 말씀드리리다.

'말씀드렸다시피'
가 맞습니다.
말씀드렸다싶이(X)

무엇이 맞을까요. 맞은 단어 위에 ○표하세요.

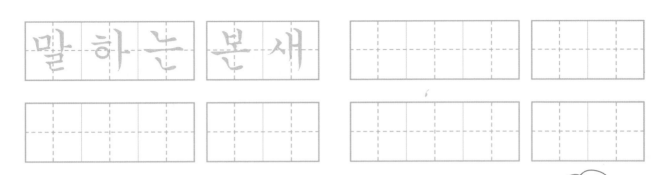

말하는 본새 🐵 말하는 뽄새

말 하 는 본 새

 아하~

그의 말하는 본새가 화가 난 말투였다.
말하는 본새가 화나 보인다.
'말하는 본새' 는 하나의 단어 '말본새' 로도 쓸 수 있으니 기억해 주세요.

'말하는 본새' 가
맞습니다.

무엇이 맞을까요. 맞은 단어 위에 ○표하세요.

복을 맞아들이다 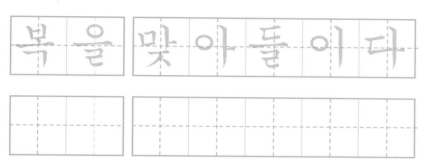 복을 맞아드리다

맞다 [맏따] 문제에 대한 답이 틀리지 아니하다. (활용형: 맞아)

복을 맞아들이다

복을 맞아들이다.

아하~
비를 맞아 옷이 척척하다.
방학을 맞아 시골집에 다녀오다.
이슬을 맞아 풀빛이 싱싱해 보인다.

무엇이 맞을까요. 맞은 단어 위에 ○표하세요.

몰염치 파렴치

파렴치 [파:렴치] 염치를 모르고 뻔뻔스러움.

파렴치

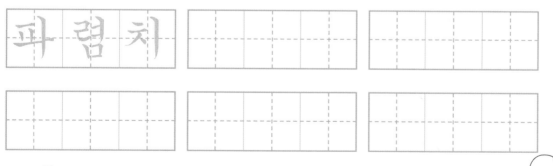

아하~
파렴치 행위
파렴치 행위를 일삼다
※사람들의 발음이 [파렴치]로 굳어져 있으므로 '파렴치' 로 적어야 합니다.

'파렴치' 가
맞습니다.

무엇이 맞을까요. 맞은 단어 위에 ○표하세요.

물에 빠진 **생쥐** 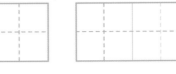 **새앙쥐**

  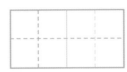 

아하~
물에 빠진 사람을 구조하다
고양이가 잡은 생쥐
물에 빠진 사람을 구하다

'물에 빠진 생
쥐'가 맞습니다.
새앙쥐(X)

무엇이 맞을까요. 맞은 단어 위에 ○표하세요.

맛갈 **맛깔**

맛깔 [맏깔] 음식 맛의 성질.

   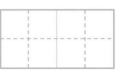

아하~
찌개가 맛깔스럽게 뚝배기에서 끓었다.
나물이 참 맛깔스럽기도 하다.
김치가 맛깔스러우니 밥도둑이 따로 없다.

'맛깔'이 맞습니
다. 맛갈(X)

무엇이 맞을까요. 맞은 단어 위에 ○표하세요.

먹을려고 먹으려고

먹다[먹때] 음식 배 속에 들여보내다. (활용형: 먹으려고)

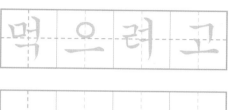

 아하~

그 많은 것을 다 먹으려고?
너하고 먹으려고 많이 싸 온 거야.
배가 고파서 고구마 좀 쪄 먹으려고.

'먹으려고' 가
맞습니다.
먹을려고(X),
먹을라고(X)

무엇이 맞을까요. 맞은 단어 위에 ○표하세요.

몸에 밴 냄새 몸에 벤 냄새

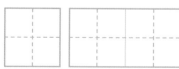

 아하~

냄새가 몸에 배었다.
몸에 밴 음식 냄새를 없애려고 향수를 뿌렸다.
한 번 몸에 밴 습관은 좀처럼 고치기 힘들다.

'몸에 밴 냄새'
가 맞습니다.
몸에 벤 냄새(X)

67

무엇이 맞을까요. 맞은 단어 위에 ◯표하세요.

메슥거리다 미식거리다

메슥거리다 [메슥꺼리다] 속이 자꾸 심하게 울렁거리다.

체해서 속이 메슥거린다.
속이 메슥거리다.

'메슥거리다'가 맞습니다.
미식거리다(X),
미옥거리다(X)

무엇이 맞을까요. 맞은 단어 위에 ◯표하세요.

모밀 메밀

메밀 [메밀] 마디풀과의 한해살이풀

  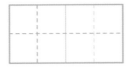 

메밀가루로 묵을 쑤다
메밀가루를 내어 국수를 해 먹으면 좋다.
메밀묵 사려.

'메밀' 표준어.
모밀(X)

무엇이 맞을까요. 맞은 단어 위에 ○표하세요.

메세지 메시지

메시지 [메시지] 알리거나 전달되는 정보 내용.

 아하~

문자 메시지를 보내다
메시지를 건네다.
그는 음성 메시지를 확인했다.

'메시지'가 맞습니다.

무엇이 맞을까요. 맞은 단어 위에 ○표하세요.

미루나무 미류나무

미루나무 [미루나무] 버드나뭇과의 낙엽 활엽 교목.

 아하~

미루나무를 심다
미루나무 가지가 강바람에 하늘거린다.
미루나무들이 강변에 나란히 서 있었다.

'미루나무'가
표준어입니다.
미류나무(X)

무엇이 맞을까요. 맞은 단어 위에 ○표하세요.

멋장이 멋쟁이

멋쟁이 [먿쨍이] 멋있거나 멋을 잘 부리는 사람.

  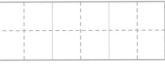

  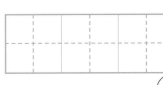

아하~
그는 멋쟁이로 소문나 있다.
옷을 잘 차려입는 멋쟁이이다.
그는 멋쟁이가 되어서 나타났다.

'멋쟁이' 가
맞습니다.
멋장이(X)

무엇이 맞을까요. 맞은 단어 위에 ○표하세요.

머리돌 머릿돌

머릿돌 [머리똘/머릳똘] 연월일 따위를 새겨서 일정한 자리에 앉히는 돌.

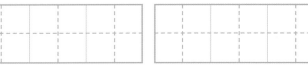

아하~
준공일자를 새긴 머릿돌을 세웠다.
머릿돌을 얹다.
머릿돌을 보고 알았다.

'머릿돌' 이 맞습
니다.

무엇이 맞을까요. 맞은 단어 위에 ○표하세요.

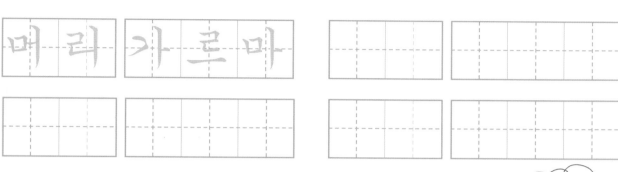

머리 가르마 🐵 머리 가름마

아하~

2:8 가르마.
가르마 방향을 한번 바꿔 봤어.
거울 앞에서 빗으로 머리의 가르마를 타고 계셨다.

무엇이 맞을까요. 맞은 단어 위에 ○표하세요.

만듬 🐵 만듦

만들다 노력이나 기술 따위를 들여 목적하는 사물을 이루다. (활용형: 만듦)

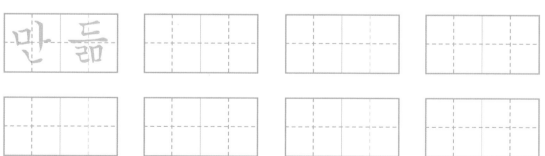

아하~

설계도를 따라서 만듦.
엿을 고아 강정을 만들다.
살맛나는 세상을 만들자.

무엇이 맞을까요. 맞은 단어 위에 ○표하세요

마추다 맞추다

맞추다 [맏추대] 서로 떨어져 있는 부분을 제자리에 맞게 대어 붙이다. (활용형:맞춘다)

  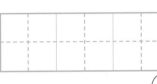

 아하~
볼에 입을 쪽 맞추다.
시간에 맞추어 전화를 하다.
※ '맞추다' 와 '마추다' 를 구별하기도 했지만 '맞추다' 로 통일하였습니다.

'맞추다' 가
맞습니다.

무엇이 맞을까요. 맞은 단어 위에 ○표하세요

몹시 몹씨

몹시 [몹:씨] 더할 수 없이 심하게.

 아하~
몹시 마음에 들어 하다.
갈 길이 바빠 몹시 서둘다.
잠결에 몹시 몸부림을 쳤다.

'몹시' 가
맞습니다.
몹씨(X)

72

무엇이 맞을까요. 맞은 단어 위에 ○표하세요

모듬 요리 모둠 요리

모둠 학교에서 효율적인 학습을 위해 학생들을 작은 규모로 묶은 모임

 아하~
여러 가지 음식을 먹으려고 모둠 요리를 시켰다.
모둠 과일.
모둠 안주.

'모둠 요리'가
맞습니다.

무엇이 맞을까요. 맞은 단어 위에 ○표하세요

밀랍 인형 밀납 인형

밀랍 인형 [밀랍 인형] 밀랍으로 만든 인형.

 아하~
그 밀랍 인형은 실물과 매우 비슷하게 제작되었다.
비에 흠씬 젖어 있는 얼굴이 밀랍 인형의 그것처럼 창백했다.

'밀랍 인형'이
맞습니다.

무엇이 맞을까요. 맞은 단어 위에 ○표하세요.

몹쓸 몹슬

몹쓸 [몹·쓸] 악독하고 고약한

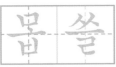

'몹쓸'이 맞습니다.

아하~

네기, 이 몹쓸 것!
네 녀석은 순 몹쓸 놈이구나.
그녀는 매일 밤 몹쓸 꿈에 시달렸다.

무엇이 맞을까요. 맞은 단어 위에 ○표하세요.

만에 하나 만의 하나

'만에 하나'가 맞습니다.

아하~

만에 하나라도 실수가 생기면 안 된다.
그럴 리는 없겠지만 만에 하나 시간이 남는다면 우리는 여행을 가겠다.
잠을 잔 듯 만 듯 정신이 하나도 없다.

무엇이 맞을까요. 맞은 단어 위에 ◯표하세요.

몽**땅**연필   몽**당**연필

몽당연필 [몽당년필] 많이 깎아 써서 길이가 아주 짧아진 연필.

 아하~

몽당연필을 볼펜대에 끼워 쓴다.
집에 굴러다니는 몽당연필이 참 많다.
딸애의 필통 속에 있는 몽당연필이 앙증맞게 보였다.

'몽당연필'이
맞습니다.

무엇이 맞을까요. 맞은 단어 위에 ◯표하세요.

물을 들이**키**고  물을 들이**켜**고

 아하~

저녁 먹고 온 뒤로 계속 물만 들이키네, 도대체 음식이 얼마나 짰는데?
목말랐는데 물을 들이켜고 나니 살 것 같다.

'물을 들이켜고'
가 맞습니다.

75

무엇이 맞을까요. 맞은 단어 위에 ○표하세요.

모자란 돈 모자른 돈

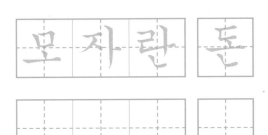

'모자란 돈' 이
맞습니다.

아하~
모자란 돈은 아르바이트로 마련했어요.
돈이 모자랄지 모르니 셈을 해 보세요.
그는 친구에게서 모자라는 돈을 취했다.

무엇이 맞을까요. 맞은 단어 위에 ○표하세요.

밀어부치다 밀어붙이다

밀어붙이다 [미러부치다] 여유를 주지 아니하고 계속 몰아붙이다.

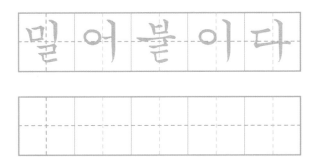

'밀어붙이다' 가
맞습니다.

아하~
머리끄덩이를 잡아당기며 싸우다.
머리끄덩이를 움켜잡고 흔든다.
머리끄덩이를 쥐어뜯다.

무엇이 맞을까요. 맞은 단어 위에 ○표하세요.

마구잡이 마구잽이

마구잡이 [마구자비] 이것저것 생각하지 아니하고 닥치는 대로 마구 하는 짓.

아하~
마구잡이로 주머니에 쑤셔 넣다.
땅을 마구잡이로 사들이다.
마구잡이 벌목.

'마구잡이' 가
맞습니다.

무엇이 맞을까요. 맞은 단어 위에 ○표하세요.

머리끄덩이 머리끄댕이

머리끄덩이 [머리끄덩이] 머리카락을 한데 뭉친 끝.

아하~
머리끄덩이를 잡아당기며 싸우다.
머리끄덩이를 움켜잡고 흔들다.
머리끄덩이를 쥐어뜯다.

'머리끄덩이' 가
맞습니다.

77

무엇이 맞을까요. 맞은 단어 위에 ○표하세요.

먹어라고 했다  먹으라고 했다

먹 으 라 고 | 했 다

아하~
밥을 먹으라고 할 때 먹을걸.
밥을 많이 먹어 배가 댕댕하다.
음식은 남기지 말고 싹 먹어야 한다.

'먹으라고'가
맞습니다.

무엇이 맞을까요. 맞은 단어 위에 ○표하세요.

매인 몸 메인 몸

매인 [매:인] 한 사람 한 사람.

매 인 몸

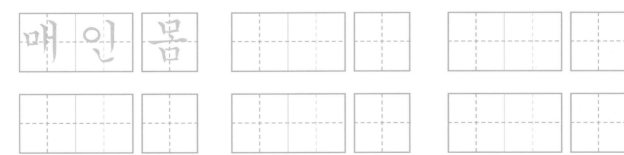

아하~
허리에 질끈 매인 전대.
매인 짐이 없어야 홀가분히 떠날 수 있다.
말뚝에 매인 배들이 태풍에 심하게 흔들렸다.

'매인 몸'이
맞는
표현입니다.

며칠을 벼루어 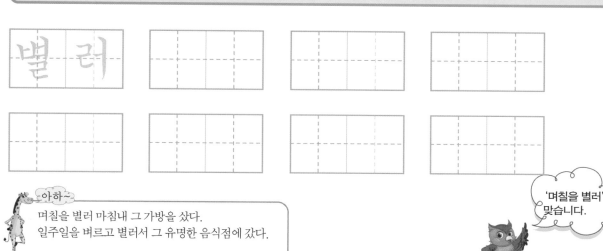 며칠을 별러

별 러

아하~

며칠을 별러 마침내 그 가방을 샀다.
일주일을 벼르고 별러서 그 유명한 음식점에 갔다.

'며칠을 별러' 가
맞습니다.

로맨티스트 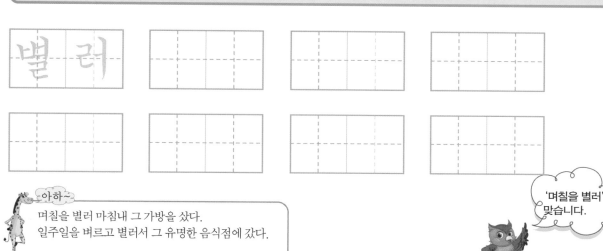 로맨티시스트

로 맨 티 시 스 트

아하~

'로맨티시스트' 는 영어 'romanticist' 의 외래어 표기로, '로맨티스트(X)' 는 잘
못된 표기입니다.자아도취에 빠진 사람도 '나르시스트(X)' 가 아니라 '나르시
시스트(narcissist)' 라는 것, 함께 기억해 주세요.

'로맨티시스트'
가 맞습니다.

무엇이 맞을까요. 맞은 단어 위에 ○표하세요.

비눗갑 비눗곽

비눗갑 [비눋깝/비누깹] 비누를 담아 두고 쓰는 조그만 갑.

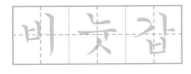

 아하~

플라스틱으로 만들어진 비눗갑.
손을 닦은 후 비누는 비눗갑에 잘 넣어 둬라.
타월과 비눗갑을 가지고 밖으로 나갔다.

 '비눗갑' 이
맞습니다.
비눗곽(X)

무엇이 맞을까요. 맞은 단어 위에 ○표하세요.

바비큐 바베큐

바비큐 [바비큐] 통째로 불에 구운 요리.

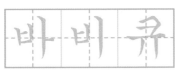

 아하~

정원에서 바비큐 파티를 열다.
바비큐 파티를 열었다.
통돼지 바비큐를 준비하였다.

 '바비큐' 가
맞습니다.
바베큐(X)

80

무엇이 맞을까요. 맞은 단어 위에 ◯표하세요.

번번이 번번히

번번이 [번버니] 매 때마다.

  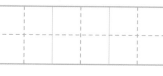

  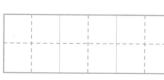

 아하~
좋은 기회를 번번이 놓치다
약속을 번번이 어기다
작전은 번번이 실패로 돌아갔다.

'번번이' 가
맞습니다.
번번히(X)

무엇이 맞을까요. 맞은 단어 위에 ◯표하세요.

버젓이 버젓히

버젓이 [버저시] 남의 축에 빠지지 않을 정도로 번듯하게.

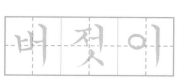  

 아하~
게임 사이트에 버젓이 노출돼 있다.
품질이 나쁜 음식이 버젓이 판매되고 있었어.
사이트에 버젓이 노출돼 있다.

'버젓이' 가
맞습니다.
버젓히(X)

무엇이 맞을까요. 맞은 단어 위에 ○표하세요.

베개 배개

베개 [베개] 잠을 자거나 누울 때에 머리를 괴는 물건.

아하~

베개를 고쳐 베다
아이 머리에 베개를 베우다
눈물이 흘러 베개를 적시었다

'베개' 가
맞습니다.
배개(X)배게(X)

무엇이 맞을까요. 맞은 단어 위에 ○표하세요.

빈털털이 빈털터리

빈털터리 [빈·털터리] 아무것도 가진 것이 없는 사람.

아하~

빈털터리로 내쫓기다.
빈털터리가 되다.
돈 좀 있느냐는 질문에 빈털터리라고 했다.

'빈털터리' 가
맞습니다.
빈털털이(X)

무엇이 맞을까요. 맞은 단어 위에 ○표하세요.

빨간색 빨강색

빨간색 [빨간색] 피나 익은 고추와 같이 밝고 짙은 붉은색.

 아하~
흰색과 빨간색을 합치면 분홍색이 된다.
아이는 빨간색 대님을 매고 있었다.
'빨간색', '빨강' 이 표준어입니다.

'빨간색' 또는
'빨강' 이 쓰입니다.
빨강색(X)

무엇이 맞을까요. 맞은 단어 위에 ○표하세요.

부엌데기 부엌떼기

부엌데기 [부억떼기] 부엌일을 맡아서 이르는 말.

 아하~
부엌데기 신세.
부잣집에서 부엌데기 노릇을 했다
어머니는 지주 집 부엌데기였다.

'부엌데기' 가
맞습니다.
부엌떼기(X)

무엇이 맞을까요. 맞은 단어 위에 ○표하세요.

밧다리 밭다리

밭다리 [받따리] 걸거나 후리는 상대의 바깥쪽 다리.

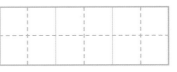

 아하~
밭다리 걸기 한 번에 보기 좋게 마루에 나가넘어졌다.
상대 선수의 밭다리를 걸고 밀어 넘어뜨려 우승했다.
안으로 거는 것보고 밭다리걸기라고 해.

'밭다리' 로
적습니다.
밧다리(X)

무엇이 맞을까요. 맞은 단어 위에 ○표하세요.

붙이다 붙히다

붙이다 [부치다] 맞닿아 떨어지지 않게 하다.

 아하~
잠깐 눈 좀 붙여.
봉투에 우표를 붙였다.
자꾸 이러저러한 조건을 붙인다.

'붙이다' 가
맞습니다.
붙히다(X)

무엇이 맞을까요. 맞은 단어 위에 ○표하세요.

빌다 빌리다

빌리다 [빌리다] 사람이나 물건 따위를 믿고 기대다.

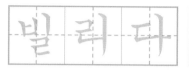

'빌리다' 가
표준어이고,
'빌다' 는
비표준어입니다.

 아하~

친구한테서 책을 빌리다
은행에서 돈을 빌리다
이웃에게 망치를 빌리다.

무엇이 맞을까요. 맞은 단어 위에 ○표하세요.

받쳐 입다 받혀 입다

'받쳐 입다' 가
맞습니다.
받혀 입다(X)

아하~

티셔츠를 안에 받쳐 입으면 사랑스러운
블라우스에 청바지를 받쳐 입고 나왔다.
시원한 물빛 치마를 받쳐 입고 있었다.

무엇이 맞을까요. 맞은 단어 위에 ○표하세요.

바느질 바늘질

바느질 [바느질] 바늘에 실을 꿰어 옷 따위를 짓거나 꿰매는 일.

바 느 질

 아하~

바느질을 마치고 실을 맺다.
터진 옷을 손바느질로 꿰맸다.
어머니는 바느질을 꼼꼼히 하신다.

 '바느질' 이
맞습니다.
바늘질(X)

무엇이 맞을까요. 맞은 단어 위에 ○표하세요.

베란다 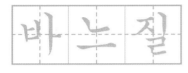샤시 섀시 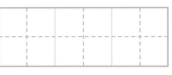새시 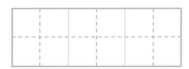샷시

새시 [새시] 알루미늄 따위를 재료로 하여 만든 창의 틀.

새 시

 아하~

알루미늄 새시.
발코니 새시 교체.
비 오는 날 베란다 새시 청소.

 '베란다 새시' 가
맞습니다.

무엇이 맞을까요. 맞은 단어 위에 〇표하세요.

비타민 시 비타민 씨

비타민 시 [Vitamin C] 수용성 비타민의 하나.

'비타민 시
(Vitamin C)'
가 맞습니다.

 아하~

비타민 시 효능.
건강을 위한 비타민 시 섭취.
레몬과 귤은 비타민 시(C)가 많다.

무엇이 맞을까요. 맞은 단어 위에 〇표하세요.

불을 키세요 불을 켜세요

켜다 전기 제품 따위를 작동하게 만들다. (활용형: 켜세요)

 아하~

방 안의 불을 켜세요.
등잔불을 커니 주위가 밝아졌다.
구급차는 비상등을 켜고 질주하였다.

'불을 켜세요.'
가 맞습니다.
키세요(X)

무엇이 맞을까요. 맞은 단어 위에 ○표하세요.

부숴뜨리다 부서뜨리다

부서뜨리다 [부서뜨리대] 단단한 물체를 깨어서 여러 조각이 나게 하다.

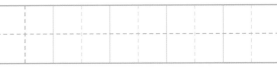

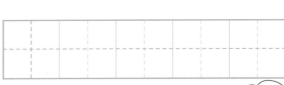

아하~
라디오를 부서뜨리다.
꽃병을 부서뜨리다.
책장을 부서뜨리다

'부서뜨리다'가
맞습니다.

무엇이 맞을까요. 맞은 단어 위에 ○표하세요.

비었음 비었슴

비다 [비:대] 사물 따위가 들어 있지 아니하게 되다. (활용형: 비었음)

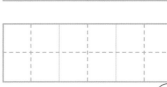

아하~
집 안이 텅텅 비었다.
점심시간이라 사무실이 텅 비었다.
방학이라 교실이 덩그렇게 비었다.

'비었음'과 같이
적습니다.

무엇이 맞을까요. 맞은 단어 위에 ○표하세요.

불리다 🐵 불리우다 🐵 불리워지다

불리다 말이나 행동 따위에 주의가 끌리거나 가게 되다.

불	리	다						

 아하~
살림을 불리다.
두부콩을 물에 불리다.
재산을 불리다

 '불리다' 가
맞습니다.

무엇이 맞을까요. 맞은 단어 위에 ○표하세요.

부조  부주

부조 남을 거들어서 도와주는 일.

부	조						

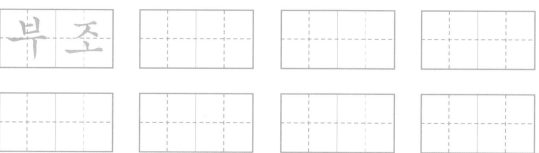

 아하~
친구의 결혼식에 부조금을 내다.
부조로부터 물려받은 가업.
혼례에 쌀을 부조하다.

 '부조' 가
맞습니다.

무엇이 맞을까요. 맞은 단어 위에 ◯표하세요.

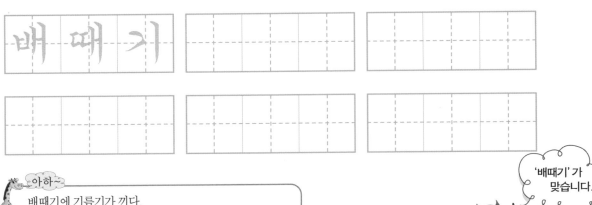

배때지   배때기   배대기

배때기   '배'를 속되게 이르는 말.

배 때 기		

'배때기'가 맞습니다.

아하~

배때기에 기름기가 끼다.
빌어먹을 놈들, 배때기 불릴 생각만 한단 말이야.
배때기가 불렀다.

무엇이 맞을까요. 맞은 단어 위에 ◯표하세요.

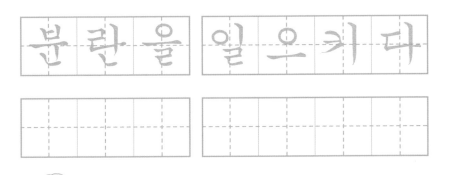

분란을 일으키다   불란을 일으키다

분란   불란   어수선하고 소란스러움.

분	란	을	일	으	키	다

아하~

분란을 일으키다.
분란 일으키지 말고 조용히 해.
이런 일로 집안에 분란이 일어나다니.

'분란을 일으키다'가 맞습니다.

무엇이 맞을까요. 맞은 단어 위에 ○표하세요.

바꼈다 바뀌었다

바뀌다 시간이 주기적으로 흘러 다른 날이나 달, 해가 오다. (활용형: 바뀌었다)

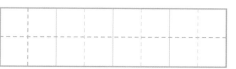

 아하~
헌 옷이 새 옷으로 바뀌었다.
사정을 듣고 나니 생각이 바뀌었다.
내 공책이 친구의 공책과 바뀌었다.

 '바뀌었다' 가
맞습니다.

무엇이 맞을까요. 맞은 단어 위에 ○표하세요.

부서진 부숴진

부서지다 단단한 물체가 깨어져 여러 조각이 나다. (활용형: 부서진)

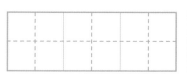

 아하~
발밑에서 낙엽이 와사삭 부서졌다.
아버지가 부서진 문에 판자를 엇대어 박았다.
파도가 바위에 부딪쳐 부서졌다.

 '부서진' 이
맞습니다.

무엇이 맞을까요. 맞은 단어 위에 ○표하세요.

발목을 젖히고  발목을 제치고

젖히다 [저치다] 안쪽이 겉으로 나오게 하다.

발	목	을		젖	히	고

아하~
몸을 젖히다.
고개를 젖히다.
나뭇가지를 잡아 뒤로 젖히다.

'발목을 젖히고'
가 맞습니다.

무엇이 맞을까요. 맞은 단어 위에 ○표하세요.

볶음밥 복음밥

볶음밥 [보끔밥] 쌀밥에 당근, 쇠고기, 기름에 볶아 만든 음식.

볶	음	밥			

아하~
김치볶음밥을 해 먹다.
장어볶음밥은 여름철 보양식으로 제격이다.
볶음밥은 간단하게 먹을 수 있는 일품요리이다.

'볶음밥' 이
맞습니다.

무엇이 맞을까요. 맞은 단어 위에 ◯표하세요.

본따 본떠

본뜨다 [본뜨다] 무엇을 본보기로 삼아 그대로 좇아 하다. (활용형: 본떠)

   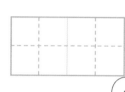

 아하~
백제 양식을 본떠 만든 석탑.
아이들은 부모의 행동을 본뜨게 마련이다.
봉황을 본뜬 무늬.

 '본떠'가
맞습니다.

무엇이 맞을까요. 맞은 단어 위에 ◯표하세요.

부항을 뜨다 부황을 뜨다

부항 [부·항] 부항을 붙이는 데 쓰는 작은 단지.

  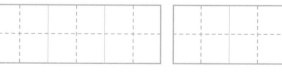

 아하~
한의원에서 부항을 뜨고 나니 몸이 한결 시원해졌다.
그는 침도 맞고 부항도 붙여 보았지만 효험이 없었다.
부항에 의한 치료 방법.

 '부항을 뜨다'가
맞습니다.

93

무엇이 맞을까요. 맞은 단어 위에 ○표하세요.

부스스한 부시시한

부스스하다 [부스스하대] 머리카락이 일어나거나 흐트러져 있다. (활용형: 부스스한)

아하~
머리가 부스스한 것을 보니 잠을 자고 있었던 모양이다.
빗질도 안 한 부스스한 머리.
아이들이 단잠이 덜 깬 부스스한 얼굴로 학교에 간다.

'부스스한' 이
맞습니다.

무엇이 맞을까요. 맞은 단어 위에 ○표하세요.

비로소 비로서

비로소 사건이나 사태가 시작함을 나타내는 말.

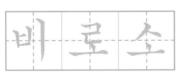

아하~
그의 속생각을 비로소 알았다.
비로소 그와 나의 의견이 합치되었다.
사업이 비로소 정상 궤도에 올랐다.

'비로소' 가
맞습니다.

무엇이 맞을까요. 맞은 단어 위에 ◯표하세요.

변변찮은   변변찮은

변변찮다 [변변찬타] 제대로 갖추어지지 못하여 부족한 점이 있다.

 아하~
변변찮은 선물이지만 받아 주세요.
집은 좋은데 살림살이가 변변찮다.
차린 음식이 변변찮다.

'변변찮은' 이
맞습니다.

무엇이 맞을까요. 맞은 단어 위에 ◯표하세요.

뷔페   부페

뷔페 buffet [프랑스어] 여러 가지 음식을 스스로 선택하여 덜어 먹도록 한 식당.

 아하~
어제 저녁에 뷔페에 가서 양껏 먹었더니 아직도 배가 부르다.
우리 호텔에서는 조식을 뷔페식으로 제공합니다.
가족들과 뷔페에서 저녁 식사.

'뷔페' 가
맞습니다.

무엇이 맞을까요. 맞은 단어 위에 ○표하세요.

별의별 별에별

별의별 [벼레별/벼리별] 보통과 다른 갖가지의.

아하~
세상에는 별의별 사람들이 다 있다.
별의별 고생을 다 하다.
'별의별'은 하나의 단어이므로 항상 붙여 써야 하는 것도 기억하세요.

'별의별'이
맞습니다.

무엇이 맞을까요. 맞은 단어 위에 ○표하세요.

버스 뻐스

아하~
버스를 타기 위하여 정류장으로 가다.
친환경 전기 버스.
학생들이 가득 탄 버스

'버스'가
맞습니다.

무엇이 맞을까요. 맞은 단어 위에 ○표하세요.

쌓여진 쌓인

쌓이다 [싸이다] 여러 개의 물건이 겹겹이 포개어 얹어 놓이다. (활용형·쌓인)

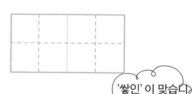
'쌓인' 이 맞습니다. 쌓여지지(X), 쌓여졌다(X)

~아하~
흰 눈이 쌓인 거리.
눈이 허옇게 쌓인 들판.
먼지가 겹으로 쌓인 폐가 머리 위에 눈이 쌓이다

무엇이 맞을까요. 맞은 단어 위에 ○표하세요.

숟가락 숫가락

숟가락 [숟까락] 밥이나 국물 따위를 떠먹는 기구.

  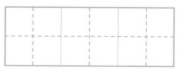

'숟가락' 이 맞습니다. 숫가락(X)

~아하~
밥상에 숟가락을 놓아요.
숟가락으로 밥을 뜨다.
숟가락을 쥐고 음식을 떠먹다

97

무엇이 맞을까요. 맞은 단어 위에 ◯표하세요.

손톱깎이 손톱깎기

손톱깎이 [손톱깎이] 손톱을 깎는 기구.

손 톱 깎 이

 아하~
고놈의 손톱깎이가 도대체 어디로 갔지?
손톱깎이로 손톱을 깎았다.
손톱깎이로 손톱을 깎다.

'손톱깎이' 가
맞습니다.
손톱깎기(X)

무엇이 맞을까요. 맞은 단어 위에 ◯표하세요.

설레임 설렘

설렘 [설렘] 마음이 두근거림.

설 렘

 아하~
귀국길은 언제나 설렘이 앞선다.
가슴 설렘에 빠지곤 하다.
사소한 설렘이 공감됐어요.

'설렘' 이 맞습니
다. 설레임(X)

98

무엇이 맞을까요. 맞은 단어 위에 ○표하세요.

싹둑 싹뚝

싹둑 [싹뚝] 단번에 자르거나 베는 소리.

쪽 찐 머리를 가위로 싹둑 자르다.
무를 싹둑 자르다.
가위로 난초 잎을 싹둑 잘라 버렸다.

'싹둑'이
맞습니다.
싹뚝(X)

무엇이 맞을까요. 맞은 단어 위에 ○표하세요.

쓱싹쓱싹 쓱삭쓱삭

쓱싹쓱싹 [쓱싹쓱싹] 톱질을 자꾸 할 때 나는 소리.

톱으로 나무판자를 쓱싹쓱싹 잘랐다.
쓱싹쓱싹 자르다.
쓱싹쓱싹 비비다.

'쓱싹쓱싹'이
표준어.
쓱삭쓱삭(X)

무엇이 맞을까요. 맞은 단어 위에 ○표하세요.

새치 머리 세치 머리

새치 머리 [새:치 머리] 머리에 드문드문 섞여서 난 흰 머리카락.

아하~
새치 머리를 자연스럽게 커버.
새치 머리 염색.
새치 머리가 자꾸 늘어 걱정이에요.

'새치 머리'가
맞습니다.
세치(X)

무엇이 맞을까요. 맞은 단어 위에 ○표하세요.

사겨 사귀어

사귀다 서로 얼굴을 익히고 친하게 지내다. (활용형: 사귀어)

아하~
언제부터 사귀었니?
오랜 세월을 사귀어 온 정분
그 둘이 사귄다는 소문이 맞았어.

'사귀어'가
맞습니다.
사겨(X) 사귀도(X)
사겨도(X)

무엇이 맞을까요. 맞은 단어 위에 ○표하세요.

세째 셋째

셋째 [셋:째] 순서가 세 번째가 되는 차례. '둘째, 셋째, 넷째' 로 쓰세요.[세째]

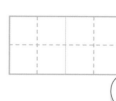

'셋째' 가
맞습니다.

아하~
셋째 줄에 앉다.
셋째의 경우
소수점 아래 셋째 자리.

무엇이 맞을까요. 맞은 단어 위에 ○표하세요.

싫증 실증

싫증 [실쯩] 싫은 생각이나 느낌.

  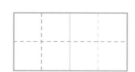

'싫증' 이
맞습니다.
실증(X)

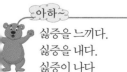
아하~
싫증을 느끼다.
싫증을 내다.
싫증이 나다

무엇이 맞을까요. 맞은 단어 위에 ◯표하세요

사생결단 사생결판

사생결단 [사:생결딴] 죽고 사는 끝장을 내려고 함.

 아하~
이번 싸움으로 사생결단을 내자.
난 요번에 사생결단을 낼 거다.
사생결단으로 나서다

'사생결단' 이
맞습니다.
사생결판(X)

무엇이 맞을까요. 맞은 단어 위에 ◯표하세요

사돈 사둔

사돈 [사돈] 혼인한 두 집안의 부모들 사이

 아하~
사돈을 맺다.
우리는 서로 사돈 간이 됩니다.
사돈께서는 그동안 별고 없으셨는지요?

'사돈' 이 맞습니
다. 사둔(X)

102

무엇이 맞을까요. 맞은 단어 위에 ○표하세요.

삼촌 삼춘

삼촌 [삼촌] 아버지의 형제를 이르거나 부르는 말

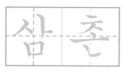   

   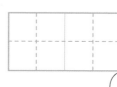

 아하~
삼촌이 용돈을 두둑이 주었다.
삼촌은 아버지보다 한 뼘 정도 작았다.
삼촌댁에 다니러 가는 길에 우리 집도 들러라.

 '삼촌' 이 맞습니다. 삼춘(X)

무엇이 맞을까요. 맞은 단어 위에 ○표하세요.

생각건대 생각컨대

생각건대 '생각하건대' 가 준 말.

 아하~
무슨 생각을 그리 하냐?
내 생각은 당신 생각과 거의 동일하다.
스스로 생각건대.

 '생각건대' 가 맞습니다. 생각컨대(X)

103

무엇이 맞을까요. 맞은 단어 위에 〇표하세요.

섭섭지 않게 섭섭치 않게

섭섭하다 [섭써파다] 서운하고 아쉽다.

섭섭지 않게

 아하~

귀한 손님이니 섭섭지 않게 대접해라.
그는 아무 것도 대접을 못해 보낸 것이 섭섭하였다.
섭섭지 않게 챙겨 줄게.

 '섭섭지 않게'가 맞습니다. 섭섭치 않게(X)

무엇이 맞을까요. 맞은 단어 위에 〇표하세요.

송곳이 송곳니

송곳니 [송:곤니] 앞니와 어금니 사이에 있는 뽀족한 이

송곳니

 아하~

뽀족한 송곳니.
개가 송곳니를 세우며 으르렁거린다.
흔들리고 아프던 송곳니가 빠졌다.

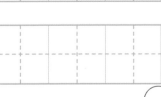 '송곳니'가 맞습니다. 송곳이(X)

무엇이 맞을까요. 맞은 단어 위에 ○표하세요.

숫기  숯기  숱기

숫기 [숟끼] 활발하여 부끄러워하지 않는 기운.

'숫기'가
맞습니다.
숯기(X),
숱기(X)

아하~

숫기가 없다
숫기가 없는 사람이라 단박에 얼굴이 새빨개졌다.
숫기가 너무 없어서 고민.

무엇이 맞을까요. 맞은 단어 위에 ○표하세요.

서툴러 서툴어

서투르다 [서ː투르다] 일 따위에 익숙하지 못하여 다루기에 설다. (활용형: 서툴러)

'서툴러'가
맞습니다.
서툴어(X)

 아하~

왜 이렇게 서툴러?
서툴러도 연습하면 나아질 거야.
아들놈이 워낙 말이 서툴러 걱정입니다.

무엇이 맞을까요. 맞은 단어 위에 ○표하세요.

소고기 무국 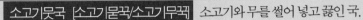 소고기 뭇국

소고기뭇국 [소고기묻꾹/소고기무꾹]　소고기와 무를 썰어 넣고 끓인 국.

| 소 | 고 | 기 | 무 | 국 | | | |

| | | | | | | | |

 아하~
시원하고 담백한 뭇국
소고기뭇국을 챙겨 먹었다.
점심으로 소고기뭇국.

 '소고기 뭇국'이
맞습니다.

무엇이 맞을까요. 맞은 단어 위에 ○표하세요.

순댓국 순대국

순댓국 [순대꾹/순대꾹]　돼지를 삶은 국물에 순대를 넣고 끓인 국.

| 순 | 댓 | 국 | | | | |

| | | | | | | |

 아하~
추울 때 먹는 따뜻한 순댓국 밥 한 그릇
냄새 없이 깔끔한 순댓국.
뜨끈한 순댓국 한 사발

 '순댓국'이 맞습
니다.

106

무엇이 맞을까요. 맞은 단어 위에 ○표하세요.

술고래 술보

술고래 [술고래] 술을 아주 많이 마시는 사람을 비유적으로 이르는 말.

아하~
술을 사랑하는 술고래 친구.
오늘도 술고래 동생이 고주망태가 돼 들어왔습니다.
술고래가 겨우 소주 몇 잔을 마시고 완전히 가다니?

'술고래'가
맞습니다.
술꾸러기(X)
술보(X)

무엇이 맞을까요. 맞은 단어 위에 ○표하세요.

사흘날 사흜날

사흘날 [사흔날] 셋째 날.

아하~
여행 사흘날.
대회 사흘날.
그는 다음 달 사흘날에 돌아오겠다는 말을 뒤로하고 떠났다.

'사흘날'이
맞습니다.

무엇이 맞을까요. 맞은 단어 위에 ○표하세요.

손목시계 팔목시계

손목시계 [손목씨계/손목씨게] 손목에 차는 작은 시계.

 아하~
손목에 시계를 차다.
손목에 시계를 채우다.
손목시계의 가죽 끈이 고급스럽다.

 '손목시계'가
맞습니다.

무엇이 맞을까요. 맞은 단어 위에 ○표하세요.

사글세 삭월세

사글세 [사글쎄] 집이나 방을 다달이 빌려 쓰는 일

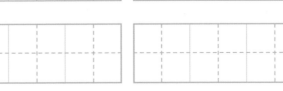

 아하~
사글세를 내다.
저렴한 사글세로 방 하나를 얻었어.
사글세를 받다.

 '사글세'가
맞습니다.

무엇이 맞을까요. 맞은 단어 위에 ◯표하세요.

성격이 틀리다 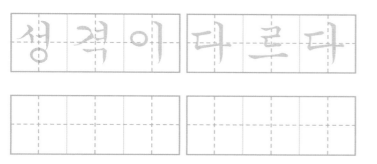 성격이 다르다

다르다 생각이 달라서 의견이 좁혀지지 않는다.

성 격 이 다 르 다

 아하~
사람마다 성격이 다르다.
쌍둥이도 서로 성격이 다르다.
나의 성격은 그녀와 많이 다른 편이다

'성격이 다르다'
가 맞습니다.

무엇이 맞을까요. 맞은 단어 위에 ◯표하세요.

수학을 잘 가리킨다 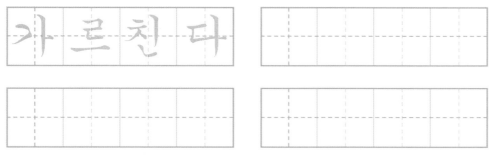 가르친다

가르치다 이치 따위를 깨닫게 하거나 익히게 하다.

가 르 친 다

 아하~
방학 동안 복습을 해서 수학의 기초를 잘 다져 놓자.
김 선생님은 수학을 잘 가르친다.
수학 문제가 잘 풀리지 않았다.

'수학을 잘 가르
친다' 가 맞습니
다.

무엇이 맞을까요. 맞은 단어 위에 ○표하세요.

새침데기 새침떼기

새침데기 [새침떼기] 새침한 성격을 지닌 사람.

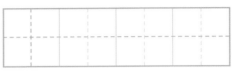

 아하~

새침데기 아가씨가 오늘은 웬일로 알은체를 했다.
옆집 새침데기 새댁.
어린 딸은 새침데기여서 대답도 잘 하지 않는다.

'새침데기'가
맞습니다.

무엇이 맞을까요. 맞은 단어 위에 ○표하세요.

새우젓 새우젖

새우젓 [새우젇] 새우로 담근 젓.

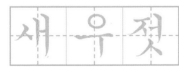

 아하~

삶은 돼지고기를 새우젓에 찍어 먹었다.
이 새우젓은 색깔도 깨끗하고 맛도 고소하다.
족발은 새우젓에 찍어 먹는다.

'새우젓'이 맞습
니다.

무엇이 맞을까요. 맞은 단어 위에 ◯표하세요.

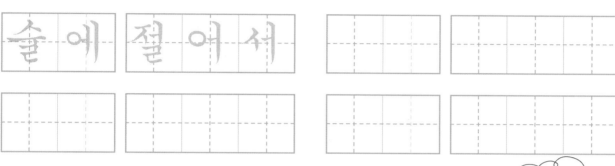

술에 절어서 ✕ 술에 쩔어서

술에 절어서

 아하~
술에 전 사람.
술에 절었다.
그는 술에 절어 거의 폐인이 되었다.

'술에 절어서' 가
맞습니다.

무엇이 맞을까요. 맞은 단어 위에 ◯표하세요.

씁쓸하다 씁슬하다

씁쓸하다 조금 쓰다.

씁쓸하다

 아하~
그런 일을 보고 나니 뒷맛이 씁쓸하다.
인삼차가 씁쓸하다.
막상 그가 떠났다는 말을 들으니 마음이 씁쓸했다.

'씁쓸하다' 가
맞습니다.

무엇이 맞을까요. 맞은 단어 위에 ○표하세요.

순조로와 순조로워

순조롭다 [순:조롭때] 예정대로 잘되어 가는 상태. (활용형: 순조로워)

 아하~
만사가 순조롭다.
모든 일이 순조롭게 진행된다.
순풍이 일어 항해가 순조롭다.

 '순조로워' 가 맞습니다.

무엇이 맞을까요. 맞은 단어 위에 ○표하세요.

사단이 나다 사달이 나다

사달 [사:달] 사고나 탈.

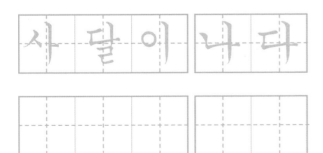

 아하~
일이 꺼림칙하게 되어 가더니만 결국 사달이 났다.
같은 실수를 반복하더니 결국 이 사달이 났다.
* 사단 [사:단] 사건의 단서나 일의 실마리

 '사달이 나다' 가 맞습니다.

112

무엇이 맞을까요. 맞은 단어 위에 ○표하세요.

쉽상이다 십상이다

십상이다 일이나 물건 등이 어디에 꼭 맞는 것.

 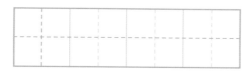

 아하~

심하게 야단치면 비뚜로 나가기 십상이다.
계획이 잘못되면 일을 그르치기 십상이다.
어물어물하다 보면 허송세월하기가 십상이다.

'십상이다' 가 맞습니다.

무엇이 맞을까요. 맞은 단어 위에 ○표하세요.

사냥군 사냥꾼

사냥꾼 [사냥꾼] 사냥하는 사람

 아하~

사냥꾼이 꿩을 겨누고 공기총을 쏘았다.
사냥꾼은 총으로 사슴 여러 마리를 잡았다.
사냥꾼은 사냥개를 앞세워 사슴을 쫓았다.

'사냥꾼' 이 맞습니다.

무엇이 맞을까요. 맞은 단어 위에 ○표하세요.

살으렴 살렴

살림 [살림] 한집안을 이루어 살아가는 일.

아하~

행복하게 잘 살렴.
그녀는 직장을 그만두고 살림만 한다.
종가 살림을 꾸려 나가다.

'살렴'이 맞습니다. 살렴 '살림' 외 방언 (제주)

무엇이 맞을까요. 맞은 단어 위에 ○표하세요.

싣고 실고

싣다 [싣:따] 물체나 사람을 옮기기 위하여 탈것, (활용형: 싣고)

아하~

그는 얼굴에 웃음을 가득 싣고 있었다.
형은 이삿짐을 운반차에 싣고 있었다.
차에 짐을 싣고 밧줄로 든든히 묶어라.

'싣고'가 맞습니다.

114

무엇이 맞을까요. 맞은 단어 위에 ◯표하세요.

사인 싸인

사인 [sign] 자기만의 독특한 방법으로 적음.

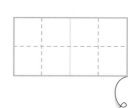
'사인' 이
맞습니다.
싸인(X)

 아하~

결재 서류에 사인을 하다.
코치의 사인에 따라 번트를 댔다.
인기 가수의 사인을 받다.

무엇이 맞을까요. 맞은 단어 위에 ◯표하세요.

씨디 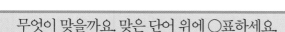 씨이디이 시디

시디 [시디] 기록된 음악이나 영상 따위의 정보. [CD]

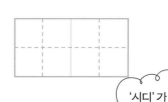
'시디' 가
맞습니다.

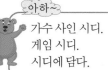 아하~

가수 사인 시디.
게임 시디.
시디에 담다.

115

무엇이 맞을까요. 맞은 단어 위에 ○표하세요.

씨푸드 시푸드

시푸드 'seafood[siːfuːd] 해산물(특히 조개류와 갑각류)

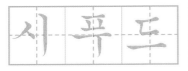  

  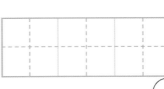

 아하~

시푸드 요리.
시푸드 뷔페
가족들과 시푸드 뷔페에서 점심 식사.

'시푸드'가 맞습니다.

무엇이 맞을까요. 맞은 단어 위에 ○표하세요.

쉬림프 슈림프

슈림프[shrimp] 새우를 주재료로 만든 요리.

 아하~

통통한 새우를 가득 넣은 슈림프 피자
새우를 주재료로 하여 만든 파스타 요리.
작은 새우 잡이 배.

'슈림프'가 맞습니다.

무엇이 맞을까요. 맞은 단어 위에 ◯표하세요.

쏘세지 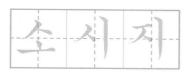 소세지  소시지

소시지 [sausage] 양념한 고기를 만든 가공식품.

 아하~
우리는 어릴 때 소시지 반찬을 좋아했다.
소시지구이.
연한 맛살이나 소시지를 좋아해.

 '소시지'가
맞습니다. 쏘세지
(X) 소세지(X)

무엇이 맞을까요. 맞은 단어 위에 ◯표하세요.

스노 스노우

스노 [snow] 눈

 아하~
스키보다 스노보드를 더 즐겨 탄다.
스노 체인을 달아야 차량을 운행할 수 있다.
스노타이어로 바퀴를 갈았다.

 '스노'가
맞습니다.
스노우(X)

무엇이 맞을까요. 맞은 단어 위에 ◯표하세요.

웃니 윗니

윗니 [윈니] 윗잇몸에 난 이.

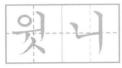

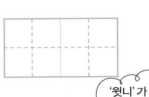

'윗니' 가
맞습니다.
웃니(X)

아하~
칫솔질할 때는 윗니와 아랫니를 골고루 닦아야 한다.
윗니가 흔들려서 치과에 갔다.
그러나 '웃돈' 처럼 아래위 대립이 없는 단어는 '웃' 을 붙인다는 것도 함께 기억하세요.

무엇이 맞을까요. 맞은 단어 위에 ◯표하세요.

안성마춤 안성맞춤

안성맞춤 [안성맏춤] 조건이나 상황이 잘 어울림.

아하~
여행을 계획하기에 안성맞춤인 계절이다.
물놀이를 하기에 안성맞춤이다.
자 살기에 안성맞춤인 오피스텔

'안성맞춤' 이
맞습니다.
안성마춤(X)

무엇이 맞을까요. 맞은 단어 위에 ○표하세요.

어의없게 어이없게

어이없다 [어이업때] 너무 뜻밖이어서 기가 막히는 듯하다.

어이없게 실수를 하고 말았다.
어이가 없다는 듯이 고개를 절절 흔든다.
어이없는 촌극이 빚어지다

'어이없게' 가
맞습니다.
어의없다(X)

무엇이 맞을까요. 맞은 단어 위에 ○표하세요.

어리바리 어리버리

어리바리한 아기 염소.
여행 가서 어리바리하다가는 길 잃기 십상이다.
술에 취한 듯이 어리바리 겨우 손을 내밀었다.

'어리바리' 가
맞습니다.
어리버리(X)

119

무엇이 맞을까요. 맞은 단어 위에 ○표하세요.

염두해 두다 염두에 두다

고깃국 [고기꾹/고긷꾹] 고기를 넣어 끓인 국.

염 두 에 두 다

 아하~

이번 일을 염두에 두지 마라.
염두에 둔 결정.
그는 국회의원을 염두에 두고 정당에 들었다.

'염두에 두다'가
맞습니다.
염두해 두다(X)

무엇이 맞을까요. 맞은 단어 위에 ○표하세요.

인사말 인삿말

인사말 [인사말] 인사로 하는 말.

인 사 말

 아하~

인사말을 건네다
인사말을 주고받다.
짤막한 인사말.

'인사말'이
맞습니다.
인삿말(X)

120

무엇이 맞을까요. 맞은 단어 위에 ○표하세요.

역할 역활

역할 [여칼] 맡은 바 직책이나 임무.

   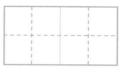

각자 맡은 바 역할을 다하다
맡은 역할을 거뜬히 해내다.
연극에서는 조명의 역할이 크다.

'역할' 이
맞습니다.
역활(X)

무엇이 맞을까요. 맞은 단어 위에 ○표하세요.

앳된 얼굴 애띤 얼굴

앳되다 [앧뙤다/앧뛔다] 어려 보이다.

그녀는 목소리가 앳되다.
풋풋하고 앳되던 시절이 그리워지는 날이네요.
나이에 비해 앳돼 보이네.

'앳된 얼굴' 이
맞습니다.
애띠다(X)

무엇이 맞을까요. 맞은 단어 위에 ○표하세요.

애닯**다** 애달프**다**

애달프다 [애달프대] 마음이 안타깝거나 쓰라리다.

아하~
내 마음이 무척이나 애달프다.
몹시 슬프고 애달프다.
애달픈 사연.

'애달프다'가
맞습니다.
애닯다(X)

무엇이 맞을까요. 맞은 단어 위에 ○표하세요.

애당초 애시당초

애당초 [애당초] 일의 맨 처음이라는 뜻.

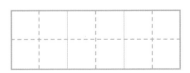  

아하~
난 애당초 마음먹은 대로 하겠어.
내겐 애당초 그런 것 없어.
그런 일은 애당초 거절을 했어야지.

'애당초'가
맞습니다.
애시당초(X)

무엇이 맞을까요. 맞은 단어 위에 ◯표하세요.

왜지 웬지

왠지 [왠지] 뚜렷한 이유도 없이.

   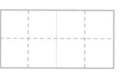

   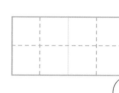

왠지 이 일을 하기가 찜찜하다.
그 친구와는 왠지 거리가 느껴진다.
왠지 그를 혼자 보내기가 찜찜하다.

'왠지' 가
맞습니다.
웬지(X)

무엇이 맞을까요. 맞은 단어 위에 ◯표하세요.

웬만큼 왠만큼

웬만큼 [웬:만큼] 허용되는 범위에서 크게 벗어나지 아니할 만큼.

 아하~
웬만큼 쉬었으면 다시 일을 시작합시다.
창문을 열어 두었더니 탄내가 웬만큼 가신 것 같다.
형은 외국어를 웬만큼 하는 편이다.

'웬만큼' 이
맞습니다.
왠만큼(X)

123

무엇이 맞을까요. 맞은 단어 위에 ○표하세요.

왠만하면 웬만하면

웬만하다 [웬:만하대] 크게 벗어나지 아니한 상태

갈 것 같아요.   우리 둘은 나이가 같아요.
우린 나이가 같아.   이 순간이 마치 꿈만 같아요!

'웬만하면' 이
맞습니다.
왠만하다(X)

무엇이 맞을까요. 맞은 단어 위에 ○표하세요.

왠일 웬일

웬일 [웬:닐] 어찌 된 일.

 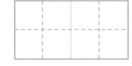  

   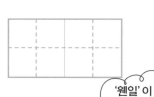

웬일로 여기까지 다 왔니?
웬일로 친구에게서 연락이 왔다.
웬일로 연락을 다 했니?

'웬일' 이
맞습니다.
왠일(X)

124

무엇이 맞을까요. 맞은 단어 위에 ◯표하세요.

엔간해서   엥간해서

엔간하다 [엔간하대] 대중으로 보아 정도가 표준에 꽤 가깝다. (활용형: 엔간해서)

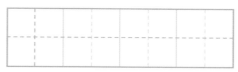

 아하~

그 녀석 엔간해서는 말을 듣지 않을 것이다.
어찌나 센지 엔간해서는 그 고집을 꺾을 수도 없다.
엔간한 일이면 내가 자네에게 이렇게 말하지 않네.

'엔간해서' 가 맞습니다. 엥간하다(X), 앵간하다(X)

무엇이 맞을까요. 맞은 단어 위에 ◯표하세요.

영락없이   영낙없이

영락없이 [영나겁씨] 조금도 틀리지 아니하고 꼭 들어맞게.

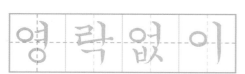

 아하~

그의 형제들은 영락없이 닮았다.
허리가 쑤시면 영락없이 비가 온다.
영락없이 알아맞히다.

'영락없이' 가 맞습니다. 영낙없이(X)

125

무엇이 맞을까요. 맞은 단어 위에 ◯표하세요.

알루미늄 호일 알루미늄 포일

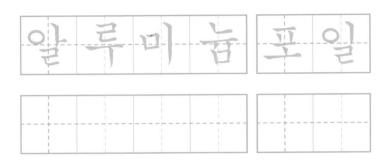

알 루 미 늄 포 일

'알루미늄 포일'
이 맞습니다.

아하~
알루미늄 포일에 싸서 갖고 다녔다
알루미늄 포일로 포장된 물건을 천천히 풀었다.
알루미늄 포일은 절대 전자레인지에 돌리지 마세요.

무엇이 맞을까요. 맞은 단어 위에 ◯표하세요.

알미늄 알루미늄

알루미늄 [알루미늄] 은백색의 가볍고 부드러운 금속 원소.

알 루 미 늄

'알루미늄' 이
맞습니다.
알미늄(X)

아하~
알루미늄 냄비를 짜그러뜨리다.
알루미늄 새시.
알루미늄 광석

무엇이 맞을까요. 맞은 단어 위에 ◯표하세요.

요새 요세

요새 [요새] 어렵게 되어 있는 대상이나 목표.

  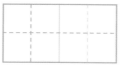 

요새 어떻게 지내세요?　　　요새는 입맛이 통 없다.
요새 입맛이 많이 없어.
요새 날마다 산책하러 다닌다.

'요새' 가
맞습니다.
요세(X)

무엇이 맞을까요. 맞은 단어 위에 ◯표하세요.

움츠리다 움추리다

움츠리다 [움츠리다] 몸의 일부를 작아지게 하다.

발가락을 움츠리다
몸을 움츠리다
추위에 목을 움츠리다

'움츠리다' 가
맞습니다.
움추리다(X)

무엇이 맞을까요. 맞은 단어 위에 ◯표하세요.

한 웅큼 한 움큼

움큼 [움큼] 손으로 움켜쥘 분량

  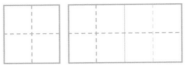 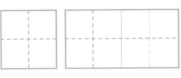

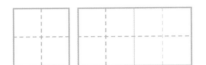 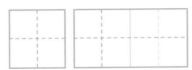 

 아하~

아침마다 견과류를 한 움큼씩 드세요.
쪽파 한 움큼을 넣으세요.
털이 한 움큼 뽑혔어요.

 '한 움큼' 이
맞습니다.
웅큼(X)

무엇이 맞을까요. 맞은 단어 위에 ◯표하세요.

일찌기 일찍이

일찍이 [일찌기] 일정한 시간보다 이르게.

 아하~

일찍이 없었던 일.
일찍이 출근하다
아침 일찍이 일어나서 출근 준비를 했다.

 '일찍이' 가
맞습니다.
일찌기(X)

무엇이 맞을까요. 맞은 단어 위에 ○표하세요.

인마 임마

인마[인마] 사람과 말을 아울러 이르는 말.

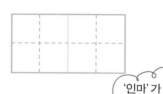

 아하~
인마, 너나 잘해.
인마, 똑바로 해!
조심해 인마.

 '인마' 가
맞습니다.
임마(X)

무엇이 맞을까요. 맞은 단어 위에 ○표하세요.

잊혀진 잊힌

잊히다 [이치다] '잊다' 의 피동사. (활용형: 잊힌)

아하~
잊힌 역사를 다시 기억해야 한다.　　　　까마득히 잊힌 사람
그 사람이 영영 잊히지 않는다.
시간이 좀 지나면 금방 잊히기 마련이다.

 '잊힌' 이
맞습니다.
잊혀진(X)

129

무엇이 맞을까요. 맞은 단어 위에 ○표하세요.

있음 있슴

있다 [일때] 떠나거나 벗어나지 아니하고 머물다. (활용형: 있습니다)

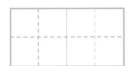

'있음' 이 맞습니다.
있슴(X)

아하~
노래할 때 살아 있음을 느껴요.
그가 살아 있음을 보여 주고 있다.
'먹슴(X) 이라고 쓰지 않고 '먹음' 이라고 쓰듯이 '있음, 있습니다. 없음, 없습니다.' 라고 써야 합니다.

무엇이 맞을까요. 맞은 단어 위에 ○표하세요.

있사오니 있아오니

있다 [일때] 사람이 어떤 직장에 계속 다니다. (활용형: 있사오니)

아하~
뒤풀이가 있사오니 모두 참석해 주십시오.
결혼식이 있사오니 자리를 빛내 주시기 바랍니다.
이사장의 취임식이 있사오니 모두 참석해 주시기 바랍니다.

'있사오니' 가 맞습니다.

무엇이 맞을까요. 맞은 단어 위에 ○표하세요.

어쨋든 어쨌든

어쨌든 [어짿뜬] 의견이나 일의 성질. [어찌하였든]줄어든 말.

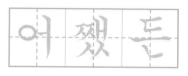

아하~
너야 어쨌든 난 안 가.
어쨌든 결과는 마찬가지야.
어쨌든 우리 집이 최고야!

'어쨌든' 으로
적어야 합니다.
어쨋든(X)

무엇이 맞을까요. 맞은 단어 위에 ○표하세요.

어깨너머 어깨넘어

어깨너머 [어깨너머] 남이 하는 것을 옆에서 보거나 듣거나 함.

아하~
어깨너머로 배운 기술
어깨너머로 그림을 배웠다.
어깨 너머로 안쪽을 기웃거렸다.

'어깨너머' 가
맞습니다.

무엇이 맞을까요. 맞은 단어 위에 ○표하세요.

우레 우뢰

우레 [우레] 뇌성과 번개를 동반하는 대기 중의 방전 현상. [우뢰]

 아하~

'우레' 와 같은 의미인 '천둥' 도 표준어입니다.
먼 하늘에서 우레가 울려왔다.
하늘에서 우레가 치니 곧 세찬 비가 쏟아졌다.

'우레' 가
표준어입니다.

무엇이 맞을까요. 맞은 단어 위에 ○표하세요.

으레 으례

으레 [으레] 두말할 것 없이 당연히.

아하~

황혼 무렵이 되면 으레 전등불이 켜진다.
우리는 으레 호숫가로 산책을 갔다.
추석 하면 으레 생각나는 음식.

'으레' 가
맞습니다.

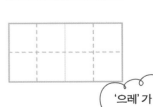

무엇이 맞을까요. 맞은 단어 위에 ○표하세요.

안 해 않 해

안해 [안해] 이해의 바로 앞의 해.

 아하~

너랑 말 안 해.
난 그딴 바보짓 안 해.
오늘은 운동 안 해요?

'안 해'가 맞습니다.

무엇이 맞을까요. 맞은 단어 위에 ○표하세요.

이튿날 이틀날

이튿날 [이튼날] 어떤 일이 있은 그다음의 날.

 아하~

'셋째 날'을 뜻하는 말도 '사흘날(X)'이 아니라 '사흗날'이겠죠?
이튿날 [이튼날] 어떤 일이 있은 그다음의 날.
비는 이튿날 아침까지 내리겠습니다.   이튿날도 그냥 구질게 비가 내렸다.

'이튿날'이 맞습니다. '이틀날(X)'과 '이튼날(X)'

133

무엇이 맞을까요. 맞은 단어 위에 ○표하세요.

아무튼 아뭏든

아무튼 [아ː무튼] 의견이나 일의 성질

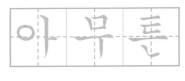  

  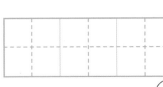

아하~
아무튼 나는 그녀가 좋다.
아무튼 표를 구해서 다행이야!
아무튼 내 마음대로 할 거야!

아무튼
맞습니다.
아뭏든(X)

무엇이 맞을까요. 맞은 단어 위에 ○표하세요.

아지랑이 아지랭이

아지랑이 [아지랑이] 공기가 공중에서 아른아른 움직이는 현상.

아하~
아지랑이 곰실대는 봄.
봄이 되어 아지랑이가 아물거린다.
들에서는 아지랑이가 무럭무럭 피어오른다.

'아지랑이' 가
맞습니다.
아지랭이(X)

134

무엇이 맞을까요. 맞은 단어 위에 ○표하세요.

오랫동안 오랜동안

오랫동안 [오랟똥안/오래똥안] 시간상으로 썩 긴 동안.

오	랫	동	안

 아하~
오랫동안 사귀었던 친구.
오랫동안 널 좋아했어.
석양은 꽤 오랫동안 창가에 머물러 있었다.

'오랫동안' 이
맞습니다.
오랜동안(X)

무엇이 맞을까요. 맞은 단어 위에 ○표하세요.

언능 얼른 얼릉

얼른 [얼른] 시간을 끌지 아니하고 바로.

얼	른

 아하~
식기 전에 얼른 먹어라.
그 일이 얼른 생각이 나지 않았다.
어두워지기 전에 얼른 가자.

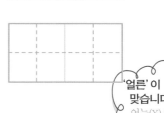
'얼른' 이
맞습니다.
언능(X) 얼릉(X)

135

무엇이 맞을까요. 맞은 단어 위에 ○표하세요.

아연질색　　아연실색

아연실색 [아연실쌕] 얼굴빛이 변할 정도로 놀람.

아 연 실 색

 아하~
무례한 언동에 사람들은 아연실색하였다.
나를 아연실색하게 만들기도 했다.
걔가 나를 보고 어찌나 아연실색을 하던지.

'아연실색' 이
맞습니다.
아연질색(X)

무엇이 맞을까요. 맞은 단어 위에 ○표하세요.

월급쟁이　　월급장이

월급쟁이 [월급쨍이] 월급을 받는 사람을 이르는 말.

월 급 쟁 이

 아하~
신통찮은 월급쟁이 신세.
월급쟁이가 평생을 가야 집 한 채 살까?
자그마한 회사의 월급쟁이로 취직하였다.

월급쟁이' 가
맞습니다.
월급장이(X)

136

무엇이 맞을까요. 맞은 단어 위에 ○표하세요.

위층 윗층

위층 [위층] 이 층 또는 여러 층 가운데 위쪽의 층.

 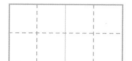 

 아하~
위층에 사는 할머니를 만났다.
위층 사람들이 아래층에 내려왔다.
위층에서 무엇이 떨어져 쿵 소리가 났다.

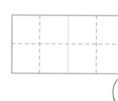

 '위층'이 맞습니다.

무엇이 맞을까요. 맞은 단어 위에 ○표하세요.

아래층 아랫층

아래층 [아래층] 여러 층으로 된 것의 아래에 있는 층.

  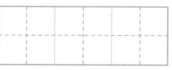

 아하~
아래층에 사는 사람.
아래층에 내려가다
아래층에 새로 이사 온 사람

 '아래층'이 맞습니다.

무엇이 맞을까요. 맞은 단어 위에 ◯표하세요.

암닭 암탉

암탉 [암택] 닭의 암컷.

 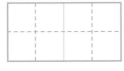  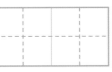

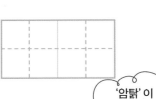
'암탉'이
맞습니다.
암닭(X)

아하~
암탉이 수탉과 교미를 하였다.
암탉이 알을 낳다
암탉들이 알을 품었다.

무엇이 맞을까요. 맞은 단어 위에 ◯표하세요.

외골수 외곬수

외골수 [웨골쑤/외골쑤] 한 곳으로만 파고드는 사람.

'외골수'가
맞습니다.
외곬수(X)

아하~
외골수 학자.
그랬는지 외골수로 자라났다.
무뚝뚝하고 외골수인 사람

무엇이 맞을까요. 맞은 단어 위에 ○표하세요.

아니에요 아니예요

아니다 어떤 사실을 부정하는 뜻을 나타내는 말. (활용형: 아니에요)

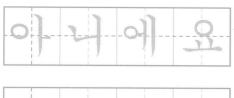 

 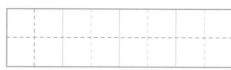

아하~
저거는 제 것이 아니에요.
이건 단순한 사건이 아니에요.
그걸 내가 어떻게 아냐?

'아니에요' 가
맞습니다.
아니예요(X)

무엇이 맞을까요. 맞은 단어 위에 ○표하세요.

응급조치 응급조취

조치 [조ː치] 벌어지는 사태를 대책을 세워 행함

아하~
이번 조치에 찬성하는 여론이 지배적이다.
법적 조치를 취하다
후속 조치가 따르다.

'응급조치' 가
맞습니다.
조취(X)

무엇이 맞을까요. 맞은 단어 위에 ◯표하세요.

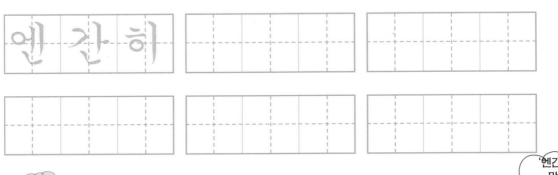

엔간히 🐒 엥간히 🐒 앵간히

엔간히 대중으로 보아 표준에 꽤 가깝게.

엔	간	히

아하~
늦어도 엔간히 늦어야지.
엔간히 꼬장꼬장 물으시네.
거짓말을 해도 엔간히 해야지 너무하지 않나.

'엔간히'가
맞습니다.
앵간히(X)
엥간히(X)

무엇이 맞을까요. 맞은 단어 위에 ◯표하세요

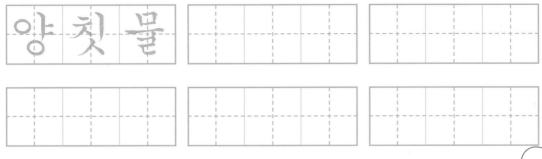

양치물 🐒 양칫물

양칫물 [양친물] 양치할 때에 쓰는 물.

양	칫	물

아하~
동생은 양칫물로 입을 올각 헹구었다.
수돗가에 양칫물을 내뱉었다.
양칫물을 올각 내뱉는 소리가 들렸다.

'양칫물'이
맞습니다.

무엇이 맞을까요. 맞은 단어 위에 ○표하세요.

야단법석 야단법썩

야단법석 [야:단법썩] 떠들썩하고 부산스럽게 굶.

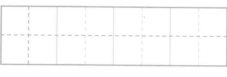

여기가 어디라고 야단법석이냐?
야단법석을 떨다.
너는 이 야단법석 통에 잠이 오냐?

'야단법석' 이
맞습니다.
야단법썩(X)

무엇이 맞을까요. 맞은 단어 위에 ○표하세요.

우유갑 우유곽

우유갑 [우유깹] 우유를 담아 두는 갑.

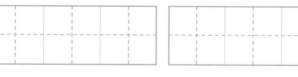

우유갑 재활용.
우유갑 모아서 휴지로 바꾸기

'우유갑' 이 맞습
니다. 우유곽(X)

무엇이 맞을까요. 맞은 단어 위에 ◯표하세요.

오두방정 오도방정

오두방정 [오·두방정] 몹시 방정맞은 행동.

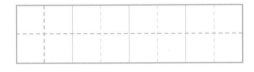

 아하~

어른 앞에서 웬 오두방정이냐!
중요한 일을 앞두고 웬 오두방정이냐?
오두방정을 떨다.

'오두방정' 이
맞습니다.

무엇이 맞을까요. 맞은 단어 위에 ◯표하세요.

엉큼한 응큼한

엉큼하다 보기와는 달리 실속이 있다. (활용형: 엉큼한)

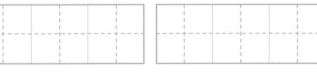

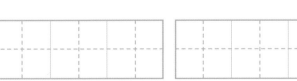

 아하~

엉큼한 속을 드러내다.
엉큼한 속내를 감추고 접근했다.
엉큼한 표정.

'엉큼한' 이
맞습니다.

무엇이 맞을까요. 맞은 단어 위에 ○표하세요.

으슬으슬 으실으실

으슬으슬 [으슬으슬] 소름이 끼칠 정도로 매우 차가운 느낌

아하~
으슬으슬하다.
으슬으슬 춥다.
감기가 오는지 몸이 으슬으슬 춥다.

'으슬으슬' 이
맞습니다.

무엇이 맞을까요. 맞은 단어 위에 ○표하세요.

열두째 열둘째

열두째 [열뚜째] 순서가 열두 번째가 되는 차례.

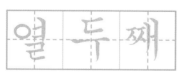  

  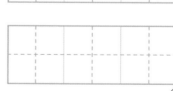

아하~
여행 열두째 날에 새로운 도시를 향해 떠났다.
이 줄 열두째에 앉은 학생이 대답해 보세요.
그 쪽의 열두째 줄을 읽어 보아라.

'열두째' 가
맞습니다.

143

무엇이 맞을까요. 맞은 단어 위에 ◯표하세요.

열어젖히다 🐵 열어제치다

열어젖히다 [여러저치다] 문이나 창문 따위를 갑자기 벌컥 열다.

열 어 젖 히 다

'열어젖히다'가 맞습니다.

아하~
창문을 드르렁 열어젖히다.
문을 더뻑 열어젖히다.
방문을 와락 열어젖히다.

무엇이 맞을까요. 맞은 단어 위에 ◯표하세요.

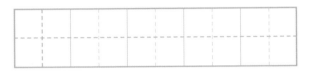
야반도주 🐵 야밤도주

야반도주 [야:반도쥬] 남의 눈을 피하여 한밤중에 도망함.

야 반 도 주

'야반도주'가 맞습니다.

아하~
그는 가족들을 데리고 몰래 야반도주를 했다.
그는 야반에 도주를 하기로 결심했다.
두 사람이 야반도주를 했다는 소문이 온 장안에 떠들썩했다.

무엇이 맞을까요. 맞은 단어 위에 ○표하세요.

웃어른 윗어른

웃어른 [우더른] 나이나 지위나 항렬이 높은 윗사람.

집안의 웃어른께 인사를 올렸다.
웃어른의 말씀은 잘 새겨들어야 한다.
웃어른 앞에서는 모든 것이 조심스럽다.

'웃어른' 이
맞습니다.
윗어른(X)

무엇이 맞을까요. 맞은 단어 위에 ○표하세요.

으름장 어림장

으름장 [으름짱] 말과 행동으로 위협하는 짓.

  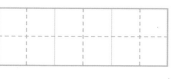

으름장을 놓다.
으름장을 놓으며 협박했다.
아들에게 으름장을 놓다.

'으름장' 이
맞습니다.

145

무엇이 맞을까요. 맞은 단어 위에 ◯표하세요.

오지랍 오지랍

오지랖 [오지랍] 일에 관심도 많고 참견도 많이 하는 사람.

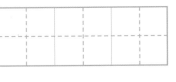
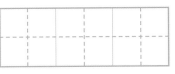

아하~

오지랖이 넓다.
그는 오지랖이 넓어서 여기저기 다 간섭한다.
오지랖이 넓어서 아무 일에나 잘 답작거린다.

'오지랖' 이
맞습니다.

무엇이 맞을까요. 맞은 단어 위에 ◯표하세요.

왼종일 온종일

온종일 [온·종일] 아침부터 저녁까지의 동안.

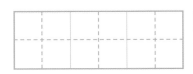

아하~

온종일 놀다.
온종일 씨름 끝에 그 문제를 풀었다.
하루 온종일 친구와 수다를 떨었다.

'온종일' 이
맞습니다.

무엇이 맞을까요. 맞은 단어 위에 ○표하세요.

있어요 있서요

있다 [읻따] 사람이 어떤 직장에 계속 다니다. (활용형: 있어요)

 아하~
여보세요, 거기 누구 있어요?
서울 가는 열차는 몇 시에 있어요?
아이는 조기서 혼자 놀고 있어요.

'있어요' 가 맞습니다.

무엇이 맞을까요. 맞은 단어 위에 ○표하세요.

움츠리다 움추리다

움츠리다 [움츠리다] 몸의 일부를 몹시 오그리어 작아지게 하다.

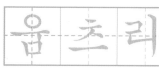 

 아하~
추위에 목을 움츠리다.
움츠린 몸을 활짝 펴세요.
기세에 눌려 너무 움츠리며 지낸 것 같아.

'움츠리다' 가 맞습니다.

무엇이 맞을까요. 맞은 단어 위에 ○표하세요.

얽히고설키다  얼키고설키다

얽히고설키다 [얼키고설키다] 가는 것이 이리저리 뒤섞이다.

얽 히 고 설 키 다

 아하~

얽히고설킨 인연.
얽히고설킨 실타래.
여러 가지 일이 얽히고설켜 풀기 어렵다.

 '얽히고설키다' 가 맞습니다.

무엇이 맞을까요. 맞은 단어 위에 ○표하세요.

요컨대 요컨데

요 컨 대

 아하~

요컨대 중요한 점을 말하자면.
요컨대 당신이 바라는 게 뭐요?
요컨대 실력이 있어야 성공한다.

 '요컨대' 가
맞습니다.

무엇이 맞을까요. 맞은 단어 위에 ○표하세요.

우려먹다 울궈먹다

우려먹다 [우려먹때] 이미 썼던 내용을 다시 써먹다.

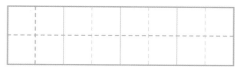 

 아하~

그 무용담 좀 그만 우려먹어라.
원고를 한동안 계속 우려먹어서 이제 새로운 것으로 바꿔야겠어.
음식을 우려서 먹다.

 '우려먹다' 가
맞습니다.

무엇이 맞을까요. 맞은 단어 위에 ○표하세요.

앙값음 앙갚음

앙갚음 [앙가픔] 남이 저에게 해를 준 대로 저도 그에게 해를 줌.

 아하~

앙갚음을 당하다.
앙갚음을 하듯이 자식들을 공부시키는 데 모든 노력을 아끼지 않았다.
앙갚음이 두려워 잠을 설친다.

 '앙갚음' 이
맞습니다.

무엇이 맞을까요. 맞은 단어 위에 ○표하세요.

엑스표 가위표

가위표 [가위표] 틀린 것을 나타내는 '×' 의 이름.

  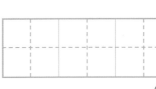

 아하~

찬성하는 사람은 동그라미를, 반대하는 사람은 가위표를 해 주세요.
틀린 것에 가위표를 치시오.
나는 설문지의 기혼 여부를 묻는 질문에 가위표를 그려 놓았다.

 '가위표' 가
맞습니다.

무엇이 맞을까요. 맞은 단어 위에 ○표하세요.

아귀찜 아구찜

아귀찜 고춧가루와 녹말풀을 넣어 걸쭉하게 끓인 음식.

  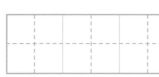

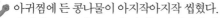 아하~

아귀찜에 든 콩나물이 아지작아지작 씹혔다.
아삭한 콩나물과 오도독 씹히는 미더덕이 맛있는 아귀찜이다.
매콤한 아귀찜을 주문했다.

 '아귀찜' 이
맞습니다.

150

무엇이 맞을까요. 맞은 단어 위에 ○표하세요.

어줍잖은 어쯥잖은

어쯥잖다 [어쯥짠타] 비웃음을 살 만큼 언행이 분수에 넘치는 데가 있다. (활용형: 어쯥잖은)

 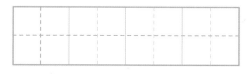

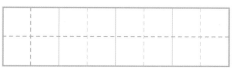 

제 앞가림도 하지 못하면서 어쯥잖게 남의 일에 끼어들다니.
어쯥잖은 질문이지만 대답해 주세요.
어쯥잖은 충고.

'어쯥잖은' 이 맞습니다.

무엇이 맞을까요. 맞은 단어 위에 ○표하세요.

안절부절했다 안절부절못했다

안절부절못하다 [안절부절모타다] 마음이 초조하고 불안하여 어찌할 바를 모르다. (활용형: 안절부절못했다)

거짓말이 들통 날까 봐 안절부절못하다.
선생님께 꾸중을 들을까 봐 안절부절못하였다.
그는 긴장을 했는지 옷 앞자락을 구깃거리며 안절부절못했다.

'안절부절못했다'가 맞습니다.

151

무엇이 맞을까요. 맞은 단어 위에 ○표하세요.

옐로 옐로우

옐로 yellow 노란, 노란색의

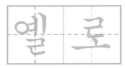

'옐로' 가 맞습니다.

 아하~

심판이 옐로카드를 꺼내 들었다.
저 잡지는 옐로 저널리즘의 전형이다.
그 선수는 이 경기에서 옐로카드를 두 번 받아 퇴장 당했다.

무엇이 맞을까요. 맞은 단어 위에 ○표하세요.

운명을 달리하다  유명을 달리하다

운명 [운·명] 생사나 존망에 관한 처지.

'유명을 달리하다' 가 맞습니다.

 아하~

안타깝게도 그는 젊은 나이에 유명을 달리했다.
할아버지께서 운명하셨습니다.

152

무엇이 맞을까요. 맞은 단어 위에 ○표하세요.

좋아할는지 좋아할런지

좋아하다 [조:아하다] 사물 따위에 대하여 좋은 느낌을 가지다. (활용형: 좋아할는지.)

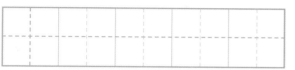

 아하~

그 사람이 과연 내 선물을 좋아할는지 걱정이 된다.
그는 놀기 좋아하는 한량이다.
저 옷은 내가 좋아하는 스타일이다.

'좋아할는지'
가 맞습니다.

무엇이 맞을까요. 맞은 단어 위에 ○표하세요.

정결이 정결히

정결히 [정결이] 매우 깨끗하고 깔끔하게.

 아하~

몸을 정결히 하다.
정결히 차린 음식.
그녀는 집 안팎을 정결히 청소했다.

'정결히' 가
맞습니다.
정결이(X)

153

무엇이 맞을까요. 맞은 단어 위에 ○표하세요.

지루하다 지리하다

지루하다 [지루하대] 시간이 오래 걸리거나 싫증이 나다.

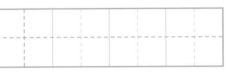

아하~
수업 시간이 지루하다
일이 지루하다
영화가 지루하다

'지루하다' 가
맞습니다.
지리하다(X)

무엇이 맞을까요. 맞은 단어 위에 ○표하세요.

재털이 재떨이

재떨이 [재떠리] 담뱃재를 떨어 놓는 그릇.

아하~
꽁초가 가득 찬 재떨이.
꽁초는 재떨이에 버려 주십시오.
재떨이에 담뱃재를 떨었다.

'재떨이' 가
맞습니다.
재털이(X)

무엇이 맞을까요. 맞은 단어 위에 ○표하세요.

적잖게 적쟎게

적잖다 [적·짠타] 소홀히 여기거나 대수롭지 않게 여길 수 없다. (활용형: 적잖게)

 아하~

그의 말에 모두 적잖게 놀랐다.
적잖게 당황.
친구에게 적잖은 신세를 지다.

'적잖게' 가
맞습니다.
적쟎게(X)

무엇이 맞을까요. 맞은 단어 위에 ○표하세요.

짜깁기 짜집기

짜깁기 [짜깁끼] 흠집 없이 짜서 깁는 일.

 아하~

바지의 해어진 부분에 짜깁기를 하다.
짜깁기 식으로 편성돼 우려를 낳고 있다.
논문을 짜깁기하여 보고서를 작성하였다

'짜깁기' 가
맞습니다.
짜집기(X)

155

무엇이 맞을까요. 맞은 단어 위에 ◯표하세요.

제작년 재작년

재작년 [재ː장년] 지난해의 바로 전 해.

그 일은 재작년에 있었던 일인 듯하다.
재작년의 일
재작년까지만 해도 이 개울에는 맑은 물이 흘렀다.

 아하~

'재작년' 이
맞습니다.
제작년(X)

무엇이 맞을까요. 맞은 단어 위에 ◯표하세요.

조개살 조갯살

조갯살 [조개쌀/조ː얻쌀] 조개의 살.

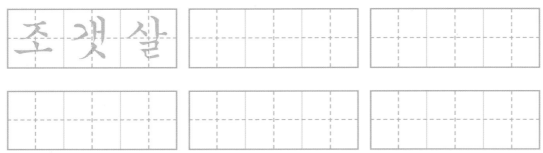

싱싱한 조갯살.
생선회와 조갯살에 부침개.
조갯살로 국물을 내어 칼국수.

아하~

'조갯살' 이
맞습니다.

무엇이 맞을까요. 맞은 단어 위에 ○표하세요.

조끼 쪼끼

조끼 [일본어]chokki 소매가 없는 옷.

   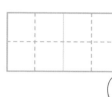

아하~
구명조끼가 선실 다락에 들어 있었다.
뜨개질을 하여 아이의 조끼를 떠 주셨다.
요즘 날씨가 부쩍 추워져서 셔츠 위에 조끼를 껴입었다.

'조끼'가
맞습니다.

무엇이 맞을까요. 맞은 단어 위에 ○표하세요.

찌개 찌게

찌개 [찌개] 뚝배기나 작은 냄비에 국물

  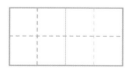 

아하~
구수한 된장찌개를 시켜 먹었다.
찌개에 밥을 비벼 먹다
찌개가 식기 전에 어서 잡수세요.

'찌개'가
맞습니다.
찌게(X)

157

무엇이 맞을까요. 맞은 단어 위에 ○표하세요.

자랑스런 우리나라  자랑스러운 우리나라

자랑스럽다 [자랑스럽때] 남에게 드러내어 뽐낼 만한 데가 있다. (활용형 : 자랑스러운)

자 랑 스 러 운

 아하~
자랑스러운 한국인
자랑스러운 역사.
어머니는 딸을 자랑스러워 하셨다.

 맞춤법에 맞는 표기는 '자랑스러운' 입니다.

무엇이 맞을까요. 맞은 단어 위에 ○표하세요.

정확잖은 정확찮은

느지막이 [느지막이] 시간이나 기한이 매우 늦게.

정 확 잖 은

 아하~
보기) 정확하지 않은→정확지 않은→정확잖은
　　　넉넉하지 않다/넉넉지 않다/넉넉잖다　　　섭섭하지 않다/섭섭지 않다/섭섭잖다
　　　깨끗하지 않다/깨끗지 않다/깨끗잖다

 '정확잖은' 과 같이 적습니다.

158

무엇이 맞을까요. 맞은 단어 위에 ○표하세요.

질문을 하겠습니다 질문을 드리겠습니다

"윗사람에게 그 사람을 높여 말이나 인사, 결의, 축하 따위를 하다."라는 뜻 '드리다'

드 리 겠 습 니 다

 아하~

"질문을 드리겠습니다."가 "질문을 하겠습니다." 보다 좀 더 공손한 표현이라고 할 수 있습니다.

'질문을 드리겠습니다"가 더 공손한 표현입니다.

무엇이 맞을까요. 맞은 단어 위에 ○표하세요.

잘한데요 잘한대요

잘하다 [잘한대] 옳고 바르게 하다. (활용형: 잘한데요)

잘 한 대 요

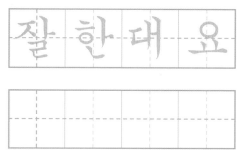 아하~

너, 말 한번 잘했다.
그는 노래를 아주 잘한다.
아이가 냠죽냠죽 절도 잘한다.

'잘한대요.' 가 맞습니다.
잘한데요(X)

무엇이 맞을까요. 맞은 단어 위에 ◯표하세요.

절대절명 절체절명

절체절명 [절체절명] 어찌할 수 없는 절박한 경우를 비유적으로 이르는 말.

아하~

절체절명의 위기
절체절명의 규정이었다.
그들은 절체절명의 궁지에서 탈출하는 데 성공했다.

'절체절명'이
맞습니다.
절대절명(X)

무엇이 맞을까요. 맞은 단어 위에 ◯표하세요.

졸리다 졸립다

졸리다 [졸:리다] 자고 싶은 느낌이 들다.

아하~

점심을 배부르게 먹고 나니 졸리다.
외상값에 졸리다
어젯밤 잠을 제대로 못 잤더니 초저녁부터 졸리다.

'졸리다' '졸린'
가 맞습니다.
졸립다(X)졸리운
(X)

160

무엇이 맞을까요. 맞은 단어 위에 ○표하세요.

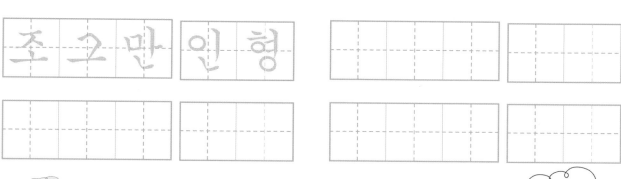

조그만 인형 🐵 조금한 인형

| 조 | 그 | 만 | | 인 | 형 | | | | | | | | |

 아하~

귀여운 조그만 인형.
창문에 매달린 조그만 인형
고마운 분들께 조그만 선물을 드리려 합니다.

'조그만 인형'이
맞습니다.
조금한(X)

무엇이 맞을까요. 맞은 단어 위에 ○표하세요.

조그마네 🐵 조그맣네

뇌졸중 [뇌졸쭝/눼졸쫑] 뇌에 혈액 공급이 제대로 되지 않아 손발의 마비.

| 조 | 그 | 마 | 네 | | | | | | |
| 조 | 그 | 맣 | 네 | | | | | | |

 아하~

아기 고양이가 참 조그마네/조그맣네.
얼굴도 조그마네/조그맣네.
'노랗네(=노라네)', '동그랗네(=동그라네)'도 표준 활용형으로 인정되었으니 기억해 주세요.

'조그마네',
조그맣네'
둘 다 맞습니다.

무엇이 맞을까요. 맞은 단어 위에 ○표하세요.

장미빛 장밋빛

장밋빛 [장미삗/장믿삗] 장미 꽃잎의 빛깔과 같은 짙은 빨간빛.

아하~
장밋빛 스카프를 머리에 쓰고 있었다.
장밋빛 미래를 꿈꾸다.
장밋빛 청사진.

'장밋빛' 이
맞습니다.

무엇이 맞을까요. 맞은 단어 위에 ○표하세요.

제삿날 제사날

제삿날 [제ː산날] 제사를 지내는 날.

아하~
제삿날에 쓸 음식을 장만하였다.
가족들이 모이는 제삿날.
오늘은 보고 싶은 할아버지의 제삿날이다.

'제삿날' 이 맞습
니다.

162

무엇이 맞을까요. 맞은 단어 위에 ○표하세요.

젓갈 젖갈 저깔

젓갈 [전깔] 젓으로 담근 음식.

아하~
김치 맛을 내는 젓갈과 고추장.
젓갈로 반찬을 집다.
젓갈이 삭다.

'젓갈'이
맞습니다.
'젖갈(X)'
'저깔(X)'

무엇이 맞을까요. 맞은 단어 위에 ○표하세요.

족집게 쪽집게

족집게 [족찝께] 잔털이나 가시 따위를 뽑는 쇠로 만든 조그마한 기구.

아하~
족집게 과외.
족집게 도사.
어머니의 흰머리를 족집게로 뽑아 드렸다.

'족집게'가
맞습니다.
쪽집게(X)

무엇이 맞을까요. 맞은 단어 위에 ○표하세요.

쭈그러지다 쭈구러지다

쭈그러지다　눌리거나 우그러져서 부피가 몹시 작아지다.

쭈그러지다

아하~
쭈그러진 냄비.
쭈그러져 있는 피부가 퍼지는 느낌이에요.
살갗이 쭈글쭈글해지다.

'쭈그러지다'가
맞습니다.

무엇이 맞을까요. 맞은 단어 위에 ○표하세요.

잘못을 이르고 일르고

이르고

아하~
친구가 잘못한 것을 선생님께 이르고 싶어서 입이 근질거린다.
친구의 잘못을 선생님에게 다 이르다가는 친구를 잃을지도 모른다.
학생이 선생님께 친구의 잘못을 이르고 있었다.

'잘못을 이르고'
가 맞습니다.

무엇이 맞을까요. 맞은 단어 위에 ○표하세요.

자투리 짜투리

자투리 [자투리] 자로 재어 팔거나 재단하다가 남은 천의 조각.

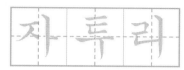  

 아하~

비단 자투리를 모아 방석을 만들다.
성공하고 싶다면 자투리 시간을 활용하는 습관을 지녀라.
자투리 시간을 활용하여 책을 읽었다

 '자투리' 가 맞습니다.

무엇이 맞을까요. 맞은 단어 위에 ○표하세요.

자연스러운 자연스런

자연스럽다 [자연스럽때] 순리에 맞고 당연하다. (활용형: 자연스러운)

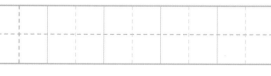

아하~
자연스러운 동작.
변화는 자연스러운 현상이다."
그녀는 자연스러운 발성으로 가락의 멋을 표현했다.

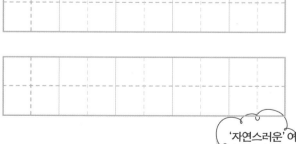

 '자연스러운' 여 맞습니다.

무엇이 맞을까요. 맞은 단어 위에 ○표하세요.

지으려고 짓으려고

 아하~

누에가 고치를 지으려고 섶에 오른다.
나는 밥을 지으려고 버너에 불을 켰다.
빨간 벽돌로 지은 집.

 '지으려고' 가
맞습니다.

무엇이 맞을까요. 맞은 단어 위에 ○표하세요.

자켓 재킷

재킷 jacket 앞이 터지고 소매가 달린 짧은 상의

 아하~

캐주얼 재킷.
날씨가 쌀쌀해서 재킷을 걸쳤다.
그녀는 날이 덥다며 재킷을 벗어 팔에 걸쳤다.

 '재킷' 이
맞습니다.

무엇이 맞을까요. 맞은 단어 위에 ○표하세요.

짤막하다 짧막하다

짤막하다 [짤마카다] 조금 짧은 듯하다.

 아하~
그는 다리가 짤막하다.
필통을 열어 보니 짤막한 몽당연필만 있었다.
짤막한 다리.

'짤막하다' 가
맞습니다.

무엇이 맞을까요. 맞은 단어 위에 ○표하세요.

지껄이다 짖껄이다

지껄이다 약간 큰 소리로 떠들썩하게 이야기하다.

아하~
밖에서 웅성대며 지껄이는 소리가 들려왔다.
욕설을 지껄이다.
수다스럽게 지껄이다.

'지껄이다' 가
맞습니다.

무엇이 맞을까요. 맞은 단어 위에 ○표하세요.

칠흑 같은 밤 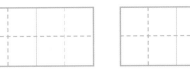 칠흙 같은 밤

칠흑 [칠흑] 옻칠처럼 검고 광택이 있음.

칠	흑

아하~

칠흑 같은 밤.
칠흑같이 어두운 밤이었다.
달빛도 별빛도 없는 칠흑 같은 밤이었다.

'칠흑' 이
맞습니다.

무엇이 맞을까요. 맞은 단어 위에 ○표하세요.

천혜의 자연  천해의 자연

천	혜	의	자	연

아하~

천혜의 자연조건을 갖추다
자연이 베푼 천혜의 낙원.
천혜의 풍부한 자연 자원을 보유하고 있다.

'천혜의 자연'이
맞습니다.
천해(X)

무엇이 맞을까요. 맞은 단어 위에 ○표하세요.

추스르다 추스리다

추스르다 추어올려 다루다.

아하~

오그라진 형편을 추스르다.
병마 때문에 그는 몸을 제대로 추스르지 못했다.
'추스러(X)', '추스려라(X)', '추스렸다(X)' '추슬러', '추슬러라', '추슬렀다' 로 써야 합니다.

'추스르다' 가
맞습니다.
추스리다(X)

무엇이 맞을까요. 맞은 단어 위에 ○표하세요.

천장 천정

천장 [천·쟁] 건설 지붕의 안쪽.

아하~

천장에 매달린 전등을 켜다
옷장과 천장 사이의 공간.
천장에 메주를 달아 놓다

'천장' 이
맞습니다.
천정(X)

무엇이 맞을까요. 맞은 단어 위에 ◯표하세요.

차이다 채이다

차이다 [차이대] 발에 힘껏 치이다.

차이다		

 아하~
돌이 발부리에 차이다.
돌부리에 톡 차이다.
이것과 저것은 차이가 있다.

 '차이다' 가
맞습니다.
채이다(X)

무엇이 맞을까요. 맞은 단어 위에 ◯표하세요.

칠칠맞다  칠칠맞지 못하다

칠칠맞다 [칠칠맏따] 칠칠하다 이르는 말. (활용형: 칠칠맞지)

칠	칠	맞	지	못	하	다

 아하~
내가 그렇게 칠칠맞은 여자로 보여요?
칠칠맞지 못하게.
칠칠맞지 못해서 물건을 잘 잃어버려요.

 '칠칠맞지 못하
다' 가 맞습니다.

무엇이 맞을까요. 맞은 단어 위에 ○표하세요.

칠삭둥이 칠삭동이

칠삭둥이 [칠싹뚱이] 제달을 다 채우지 못하고 일곱 달 만에 태어난 아이.

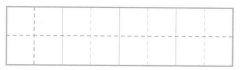 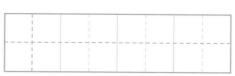

 아하~

아기는 칠삭둥이치고는 건강 상태가 매우 양호했다.
칠삭둥이로 태어난 막내.
쑥쑥 자라고 있는 칠삭둥이 아들

'칠삭둥이'가
맞습니다.

무엇이 맞을까요. 맞은 단어 위에 ○표하세요.

찻잔 차잔

찻잔 [차짠/찯짼] 차를 따라 마시는 잔.

 아하~

써늘히 식은 찻잔.
찻잔이 엎어지다
찻잔에 녹차 티백을 넣다.

'찻잔' 이
맞습니다.

무엇이 맞을까요. 맞은 단어 위에 ○표하세요.

차돌박이 차돌배기

차돌박이 　소의 양지머리뼈의 한복판에 붙은 고기

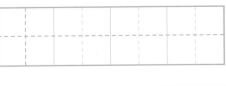

'차돌박이'가
맞습니다.

아하~
한우 차돌박이를 구워 먹었다.
백지장보다도 더 얇은 하얀 차돌박이
차돌박이까지 서비스.

무엇이 맞을까요. 맞은 단어 위에 ○표하세요.

축농증 충농증

축농증 [충농쯩] 　콧속에 고름 등의 분비물이 쌓이는 병

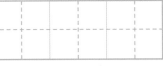

'축농증'이
맞습니다.

아하~
축농증이 있는 ○○는 말할 때마다 심한 콧소리를 냈다.
나는 축농증이 심해 한 달째 이비인후과를 다니고 있다.
가래가 나오고 축농증이 심할 때 사삼을 먹으면 치료 효과를 볼 수 있다.

172

무엇이 맞을까요. 맞은 단어 위에 ○표하세요.

코빼기 코배기

코빼기 [코빼기] '코'를 속되게 이르는 말.

  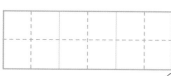

 아하~
무어가 그리 바빠서 코빼기도 보이지 않니?
왜, 왜 도대체 코빼기도 안 보이는 거냐?
요새는 통 그의 코빼기도 못 보았다.

'코빼기'가 맞습니다. '코배기(X)'
'콧배기(X)'

무엇이 맞을까요. 맞은 단어 위에 ○표하세요.

크리닉 클리닉

클리닉 [clinic] 포괄적으로 진단하고 치료하는 곳.

 아하~
비만 클리닉
피부 클리닉.
당뇨병 클리닉.

'클리닉'이
맞습니다.
크리닉(X)'

무엇이 맞을까요. 맞은 단어 위에 ○표하세요.

키로미터 킬로미터

킬로미터 [kilometer] 미터법에 의한 길이의 단위.

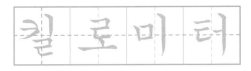

아하~

우리는 근 오 킬로미터의 거리를 웃고 떠들며 걸었다.
여기에서 숙소까지는 약 이 킬로미터가 남았다.
그의 집은 이 킬로미터 이정표가 서 있다.

'킬로미터' 가 맞습니다.
킬로미터(X)

무엇이 맞을까요. 맞은 단어 위에 ○표하세요.

콧망울 콧방울

콧방울 [코빵울/콛빵울] 코끝 둥글게 방울처럼 내민 부분.

아하~

콧방울을 벌름거리며 웃다.
콧방울을 벌룽거리며 크게 웃었다.
콧방울이 크고 두둑해야 복이 있다고 한다.

'콧방울' 이
맞습니다.
콧망울(X)

무엇이 맞을까요. 맞은 단어 위에 ○표하세요.

청서  청설모

청서 [청서] 다람쥣과의 하나. 청설모 [청설모] 다람쥣과의 하나.

 아하~
청설모가 호두를 물고 다닌다.
청설모가 밤나무 잎 틈 사이로.
청설모 한 마리가 이리저리 뛰어다니고 있다.

 '청서' '청설모'
표준어입니다.
청솔모(X)

무엇이 맞을까요. 맞은 단어 위에 ○표하세요.

풍비박산 풍지박산

풍비박산 [풍비박쌘] 사방으로 날아 흩어짐.

 아하~
몰려온 태풍의 일격에 도시는 풍비박산이 났다.
나불거리는 입방아로 풍비박산이 나다.
사업이 망해서 집안은 풍비박산이 났다.

 '풍비박산'이
맞습니다.

무엇이 맞을까요. 맞은 단어 위에 ◯표하세요.

팔꿈치 팔굽치

팔꿈치 [팔꿈치] 팔의 위아래 마디가 붙은 관절의 바깥쪽.

아하~
친구의 등에 팔꿈치를 내리찍다
그는 넘어지면서 팔꿈치에 부상을 입었다.
그녀는 책상에 팔꿈치를 대고 앉아 있었다.

'팔꿈치/발뒤꿈
치'가 맞습니다.
팔굽치(X) 발뒤굽
치(X)

무엇이 맞을까요. 맞은 단어 위에 ◯표하세요.

핑계 핑게

핑계 [핑계/핑게] 사실을 감추려고 방패막이가 되는 다른 일.

아하~
그 사람의 이야기는 한낱 핑계에 불과하다.
몸이 아프다는 핑계로 조퇴를 내고 일찍 퇴근했다.
요 핑계 조 핑계

'핑계'가
맞습니다.
핑게(X)

무엇이 맞을까요. 맞은 단어 위에 ○표하세요.

핑크빛 핑큿빛

핑크빛 [핑크빋] 하얀빛을 띤 엷은 붉은빛.

 아하~

핑크빛 로맨틱 코미디물이다.
아이는 부끄러운지 얼굴이 핑크빛이 되었다.
'피자집' 역시 [피자찝]으로 된소리가 나지만 사이시옷 없이 '피자집' 으로 적습니다.

 '핑크빛'이 맞습니다.

무엇이 맞을까요. 맞은 단어 위에 ○표하세요.

플래시 플래쉬

플래시 flash 야간 촬영을 위한 섬광 전구.

 아하~

플래시가 달린 카메라.
사진기 플래시를 터트리다.
사진기의 플래시를 뻔쩍하다.

 '플래시'가 맞습니다.

177

무엇이 맞을까요. 맞은 단어 위에 ○표하세요.

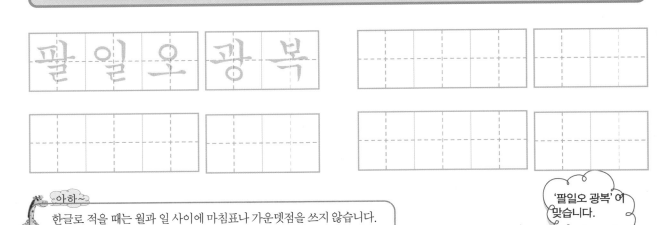

팔일오 광복   팔·일오 광복

사생결단 [사:생결딴] 죽고 사는 끝장을 내려고 함.

팔 일 오 광 복

아하~
한글로 적을 때는 월과 일 사이에 마침표나 가운뎃점을 쓰지 않습니다.
그럼 '6.25 전쟁' 도 '육이오 전쟁' 이라고 써야겠죠?

'팔일오 광복' 이
맞습니다.

무엇이 맞을까요. 맞은 단어 위에 ○표하세요.

키로그램   킬로그램

킬로그램 [kilogram] 질량의 단위.

킬 로 그 램

아하~

몸무게는 삼십이 킬로그램이었다.
몸무게가 오십일 킬로그램으로 줄었다.
건조 과일 등은 킬로그램(kg) 단위로 대량 판매된다.

'킬로그램' 이
맞습니다.
키로그램(X)

178

무엇이 맞을까요. 맞은 단어 위에 ○표하세요.

해님 햇님

해님 [해님] '해'를 인격화하여 다정하게 이르는 말.

   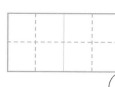

아하~
해님이 방긋 웃다
해님이 방긋 웃는다.
서산 너머 해님이 숨바꼭질을 할 때

'해님'이 맞습니다. 햇님(X)

무엇이 맞을까요. 맞은 단어 위에 ○표하세요.

헛바늘 혀바늘

헛바늘 [혀빠늘/현빠늘] 혓바닥에 좁쌀알같이 돋아 오르는 붉은 살.

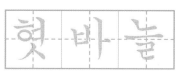  

  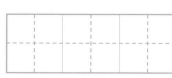

아하~
헛바늘이 서고 입맛이 깔깔하였다.
헛바늘 났을 때.
신경 쓰이는 헛바늘 예방

'헛바늘'이 맞습니다.

무엇이 맞을까요. 맞은 단어 위에 ◯표하세요.

희한하네 희안하네

희한하다 [히한하다] 매우 드물거나 신기하다.

아하~
처음 본 희한한 물건.
세상에, 희한한 일도 다 있네.
희한한 소문이 나돌다.

' 희한하네' 가
맞습니다.
희안하다(X)

무엇이 맞을까요. 맞은 단어 위에 ◯표하세요.

희희락락 희희낙락

희희낙락 [히히낭낙] 매우 기뻐하고 즐거워함.

아하~
아이들은 눈이 온다고 희희낙락이었다..
희희낙락거리다.
희희낙락하다.

'희희낙락' 이
맞습니다.

무엇이 맞을까요. 맞은 단어 위에 ○표하세요.

하마터면 하마트면

하마터면 [하마터면] 위험한 상황을 겨우 벗어났을 때에 쓰는 말이다.

하마터면 넘어질 뻔했네.
하마터면 다칠 뻔 했잖아.
하마터면 차에 치일 뻔했다.

'하마터면' 이 맞습니다.
하마트면(X)

무엇이 맞을까요. 맞은 단어 위에 ○표하세요.

핼쑥하다 핼쓱하다

핼쑥하다 [핼쑤카다] 얼굴에 핏기가 없고 파리하다.

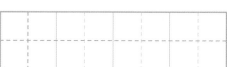

무리한 다이어트로 핼쑥해진 얼굴.
얼굴이 많이 핼쑥해졌네.
'핼쑥하다' 의 유사한 뜻으로 '해쓱하다' 도 쓸 수 있으니 기억해 주세요.

'핼쑥하다' 가 맞습니다.
핼쓱하다(X)

무엇이 맞을까요. 맞은 단어 위에 ◯표하세요.

확김에 홧김에

홧김 [홛·낌/화·낌] 가슴속에서 타오르는 열의 운김.

아하~

홧김에 함부로 말하다
홧김에 술을 마시다
그는 홧김에 집을 나가 버렸다.

'홧김에'가
맞습니다.
황김(X)

무엇이 맞을까요. 맞은 단어 위에 ◯표하세요.

허리춤 허릿춤

허리춤 [허리춤] 바지나 허리가 있는 옷의 허리 안쪽

아하~

허리춤을 추키다.
허리춤에 손을 찔러 넣다.
그들은 수건을 허리춤에 끼우고서 일한다.

'허리춤'이 맞습
니다.

무엇이 맞을까요. 맞은 단어 위에 ○표하세요.

후유증 휴유증

후유증 [후:유쯩] 어떤 일을 치르고 난 뒤에 생긴 부작용.

 아하~
그는 과로의 후유증으로 감기 몸살을 앓고 있다.
고혈압의 후유증이 나타나다
교통사고 후유증을 남기기 쉽다.

'후유증'이
맞습니다.
휴유증(X)

무엇이 맞을까요. 맞은 단어 위에 ○표하세요.

허드레 허드래

허드레 [허드레] 함부로 쓸 수 있는 물건.

 아하~
허드레로 쓰는 방
허드레로 입는 옷
'허드레'는 고유어입니다.

'허드레'가
맞습니다.
허드래(X)

무엇이 맞을까요. 맞은 단어 위에 ◯표하세요.

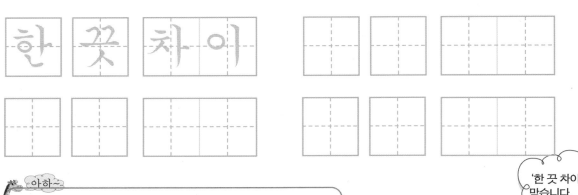

한 끗 차이 🐵 한 끝 차이

한	끗	차	이

아하~

우리가 한 끗 차이로 이겼다.　　한 끗 차이로 우리 팀이 졌어.
순서의 마지막을 '한 끝 차이(X)' 라고 쓸 수 없습니다.
'한 끗 차이' 로 달라지는 우리말을 주의해서 사용해 주세요.

'한 끗 차이' 가
맞습니다.

무엇이 맞을까요. 맞은 단어 위에 ◯표하세요.

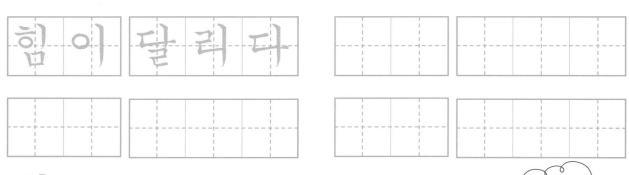

힘이 달리다 🐵 힘이 딸리다

힘	이	달	리	다

아하~

힘이 달려서 더는 못 걷겠다.
그는 혼신의 힘을 다해 달렸다.
젖 먹던 힘까지 짜내서 힘껏 달렸다.

'힘이 달리다' 가
맞습니다.

무엇이 맞을까요. 맞은 단어 위에 ○표하세요.

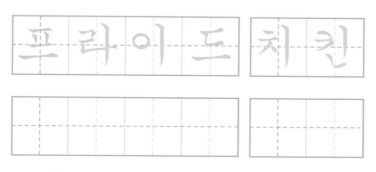

후라이드 치킨 🐵 프라이드 치킨

프라이드 치킨

 아하~

바삭한 프라이드 치킨 한 마리.
양념이 좋아, 프라이드가 좋아?

그럼 'fighting' 도 '화이팅(X)' 이 아니라 '파이팅' 이겠죠?

'프라이드 치킨'
이 맞습니다.

무엇이 맞을까요. 맞은 단어 위에 ○표하세요.

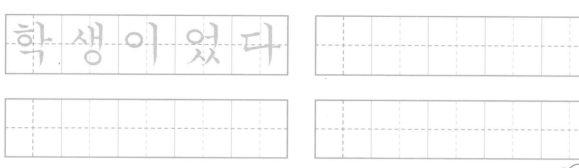

학생이었다 🐵 학생이였다

학생이었다

아하~

그 여자아이는 우리 학교의 초급반 학생이었다.
그는 작년까지 고등학생이었다.
학생이었어요.

학생이었다. 가
맞습니다.

무엇이 맞을까요. 맞은 단어 위에 ◯표하세요.

혈혈단신 홀홀단신

혈혈단신 [혈혈단신] 의지할 곳이 없는 외로운 홀몸.

 아하~

그는 혈혈단신으로 상경하여 사업을 성공시켰다.
지금까지 혈혈단신으로 살아왔습니다.
부모와 형제를 모두 잃고 혈혈단신의 몸이 되었다.

'혈혈단신' 이 맞습니다.

무엇이 맞을까요. 맞은 단어 위에 ◯표하세요.

헛되이 헛되히

헛되이 [헏뙤이/헏뛔이] 아무 보람이나 실속이 없이.

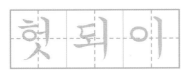

 아하~

방학을 헛되이 보내다.
시간을 헛되이 소진하다.
인생을 헛되이 살다

'헛되이' 가 맞습니다.

186

무엇이 맞을까요. 맞은 단어 위에 ○표하세요.

환골탈태 환골탈퇴

환골탈태 [환:골탈태] 사람이 보다 나은 방향으로 변하여 전혀 딴사람처럼 됨.

 아하~
발전하기 위해서는 모든 면에서 환골탈태해야 한다.
모두 환골탈태의 일념으로 일해야만 한다.
공기업들도 환골탈태의 변화를 하지 않을 수 없다.

'환골탈태' 가 맞습니다.

무엇이 맞을까요. 맞은 단어 위에 ○표하세요.

하늘을 나는  하늘을 날으는

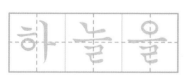 

 아하~
하늘을 나는 새를 보았다.
나는 꿈속에서 하늘을 날았다.
나의 꿈은 하늘을 나는 비행사가 되는 것이다.

'하늘을 나는' 이 맞습니다.

무엇이 맞을까요. 맞은 단어 위에 ○표하세요.

하자구나 하자꾸나

하자꾸나 어떤 행동을 함께 하는 뜻

 아하~
중요한 이야기니까 좀 조용히 하자꾸나.
다음 휴게소에서 늦점심이라도 먹도록 하자꾸나.
이번 봉급날에는 오랜만에 외식이라도 하자꾸나

 '하자꾸나.' 가
맞습니다.

무엇이 맞을까요. 맞은 단어 위에 ○표하세요.

허점 헛점

허점 [허쩜] 불충분하거나 허술한 점.

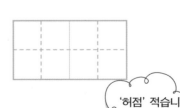 '허점' 적습니
다.

 아하~
적의 허점을 짚다.
허점을 노출하다.
허점이 보이다.

188